ANWB Extra

Hamburg

Uitgeverij ANWB

Inhoud

Het belangrijkste eerst

Boven in plaats van beneden – de U 3
Naast de klassieke sightseeing tours biedt zich als voordelig alternatief een tochtje met de gele lijn 3 van de U-Bahn aan. De rit op het ringtraject verloopt merendeels bovengronds, zodat er heel wat te zien en te ontdekken valt, bijvoorbeeld het havenpanorama bij de Landungsbrücken met uitzicht op de Elbphilharmonie.

Een rondje om de Alster
Het joggingtraject rondom de Außenalster is ook een klassieker voor wandelaars. Hier presenteert de stad zich architectonisch van zijn stijlvolle en elegante kant. Wie de Alster eenmaal rond heeft gerend, heeft ruim 7,5 km afgelegd. In het weekend is het hier behoorlijk druk; dan is half Hamburg op de been.

Het oude Hamburg
In tal van huizen van de historische Deichstraße met de pakhuizen uit de 17e en 18e eeuw zijn restaurants en cafés gevestigd, die er mede toe bijdragen dat er hier weer leven in de brouwerij is (www.hamburg.de/deichstrasse-hamburg).

Boerenkool
Vers op tafel van Noord-Duitse grond. In de koude maanden naast labskaus dé culinaire specialiteit van Hamburg. Veel bedrijven organiseren aan het begin van het boerenkoolseizoen boerenkool-met-worst-excursies. De kool is heel gezond en smakelijk en wordt meestal met gebakken zoete aardappelen, casselerrib, buikspek en *pinkelwurst* opgediend.

Schietwetter (pokkenweer)
De mythe van het miezerige weer in Hamburg: het klimaat in de stad is, ondanks alle vooroordelen, lang niet zo beroerd. Hamburg telt per jaar gemiddeld 133 regendagen; dat zijn er evenveel als in München. Met ruim 970 liter per jaar en vierkante meter komt de hoofdstad van Beieren zelfs voor de hanzestad (770 liter).

De leeuw is los
Bij een bezoek aan Hamburg met of zonder kinderen hoort in ieder geval ook Hagenbecks Tierpark, de mooie dierentuin met zeer bezienswaardige attracties als Tropen-Aquarium en Orang-Utan-Haus. In 1907 werd 's werelds eerste dierentuin zonder tralies hier in Stellingen geopend (www.hagenbeck.de). Het dierenpark is overigens het enige in Duitsland dat in particulier bezit door een familie wordt gerund.

!

Bezoek van de oude dame
De koningin der zeeën en Hamburg, dat is een bijzondere relatie. Meer dan 50 keer was de Queen Mary 2 te gast in de stad. In 2016 lag ze een maand voor verbouwingswerkzaamheden in het droogdok van Blohm + Voss. De dame is zeer geliefd; 250.000 mensen vierden in 2014 het tienjarig jubileum van haar eerste bezoek in de haven. Zorg dat er de volgende keer bij bent (www.hamburg.de/queen-mary-hamburg.de).

Germany zero points
Half mei vindt elk jaar op de Spielbudenplatz in St. Pauli Duitslands grootste party naar aanleiding van het Eurovision Song Contest plaats. Ondanks nul punten voor Germany (www.spielbudenplatz.eu).

Hamburger Dom
Het grootste volksfeest van Noord-Duitsland met circa 260 exploitanten vindt drie maal per jaar plaats op het Heiligengeistfeld. De geschiedenis van deze kermis gaat terug tot de 11e eeuw.

Meer dan 30 jaar woon ik in Hamburg-Eppendorf. Ik ben hier ooit vanuit Bremen terechtgekomen en heb besloten nooit meer weg te gaan. Het weer is beter dan zijn reputatie, de mensen zijn open en direct – voor mij is en blijft Hamburg de mooiste stad van het land.

Vragen? Ideeën?

Laat het me weten! Mijn adres bij de ANWB:

@ *anwbmedia@anwb.nl*

Dit is Hamburg

Hamburg leeft en kan bekoren. Dat valt alleen al af te lezen aan het toenemende aantal overnachtingen. Meer dan twaalf miljoen bezoekers per jaar maken de stad tot een van de belangrijkste toeristische trekpleisters van Duitsland, met een stijgende tendens. Hamburg is gewoonweg heel aantrekkelijk en biedt voldoende afwisseling; dat ondervindt iedere bezoeker ook aan den lijve.

De stad aan het water

De haven, per slot van rekening na Rotterdam de grootste containerhaven van Europa, geeft de inwoners en bezoekers ook een gevoel van verbondenheid met de grote wijde wereld. De reusachtige containerschepen uit alle windstreken, de wirwar van kleinere vaartuigen en Cruise Days in de zomer met de uittocht van de grote cruiseschepen – dat wakkert reislust aan en zin om de zee op te gaan. Wie de haven wil leren kennen, zou eigenlijk de jaarlijkse Hafengeburtstag, 's werelds grootste meerdaagse havenfeest, niet mogen missen, maar kan ook gewoon een havenrondvaart maken. Ook wandelingen langs de St. Pauli-Landungsbrücken, in de Speicherstadt, in de HafenCity met de imposante Elbphilharmonie of over de Fischmarkt maken een bezoek aan de haven tot een onvergetelijke belevenis. Maar Hamburg heeft niet alleen de Elbe. Grachten en kanalen doorkruisen de Elbemetropool, die door bijna 2500 bruggen worden ovespannen. De van rivier tot meer opgestuwde Binnen- en Außenalster is een stedenbouwkundig kunstwerk. Al in de 13e eeuw werd een dam gebouwd, die de Alster voor de stad opstuwde. De Binnenalster wordt bevolkt door zo'n 120 alsterzwanen. Die zijn tegenwoordig levende symbolen van de stad, maar waren in het verleden indrukwekkend zinnebeeld voor de onafhankelijkheid van Hamburg.

Weelderig groen

Wie de stad in het voorjaar of in de zomer bezoekt, zal duidelijk merken dat Hamburg ongelooflijk groen is en talrijke lanen, parken en bossen bezit. Maar liefst 250.000 bomen langs de straten zorgen voor frisse lucht. De stadsdelen rondom de Alster en richting Blankenese doen eerder denken aan mediterrane landschappen dan aan een Noord-Duitse miljoenenmetropool. Ook het parklandschap van het Ohlsdorfer Friedhof maakt indruk op de bezoekers. Deze begraafplaats, die tot de grootste van de wereld behoort en waar veel beroemdheden begraven liggen, heeft een eigen stratenstelsel en is schitterend aangelegd.

Pfeffersäcke en typische hartelijkheid

Hamburgers zijn kooplui en dat bewijst ook een kijkje in de haven aan de andere kant van de kademuren. Naast alle moderne hightech leeft ook de traditie voort. Vaak worden zakelijke transacties per handslag bekrachtigd; afgesproken is afgesproken en daar houdt iedereen zich aan, want: iedere koopman verkoopt zijn grootmoeder, maar de Hamburger levert haar ook.

Met pit door de nieuwe HafenCity.

Het geld dat in Hamburg wordt verdiend, moet natuurlijk onder de mensen worden gebracht. De stad kent verreweg het hoogste gemiddelde loonpeil van Duitsland. Dat komt goed uit, omdat geen enkele andere stad van het land een dermate gevarieerd en stijlvol aanbod aan winkels kent als Hamburg. Een hardnekkig vooroordeel is dat de Hamburgers zich nadrukkelijk van Brits understatement bedienen. Daarbij is het zaak, niet onaangenaam op te vallen, want de deftige manier van leven wordt hier met een zekere nonchalance gecultiveerd. Hamburgers zijn helemaal niet zo stug als algemeen wordt aangenomen. Integendeel, de schijnbaar koele, maar toch hartelijke Noord-Duitse natuur is overal voelbaar. Het is de veelzijdigheid van de stad en zijn bewoners, die de charme van Hamburg uitmaakt. Aan de ene kant elegantie en gulheid zonder daarmee te protsen en aan de andere kant een vriendelijke omgang met Jan en alleman op een plattdeutsche manier. Plattdeutsch is trouwens weer erg populair, met Ina Müller, een Duitse zangeres, cabaretière, schrijfster en talkshowhost, die overigens niet eens uit Hamburg komt, als een uitstekende ambassadeur.

Savoir-vivre op z'n Noord-Duits

Veel bezoekers van over de hele wereld prijzen het open klimaat van de stad. Het gevarieerde aanbod aan internationale restaurants wordt ook zeer gewaardeerd evenals de levendigheid in de multiculturele wijken. Natuurlijk zijn er ook wijken, waar het samenleven van verschillende culturen voor problemen zorgt. Maar Hamburg is voor Duitsland altijd nog de poort naar de rest van de wereld. Tolerantie is door de eeuwen heen bepalend geweest voor de geest van de stad en dat is nog steeds het geval: leven en laten leven was en is in Hamburg de regel. En vrijgevig is de stad ook nu jegens zijn bezoekers, want een vleugje Hamburgse levensstijl kan iedereen mee naar huis nemen.

Hamburg in cijfers

3
rivieren doorkruisen de stad.

4
vierkante kilometer groot is het Ohlsdorfer Friedhof – record in Europa.

9,8
graden Celsius bedraagt het jaargemiddelde van de luchttemperatuur.

10
procent van het stadsgebied wordt in beslag genomen door de haven (afgerond).

90
consulaten telt de stad.

104
stadsdelen en net zoveel werelden.

116,2
meter boven NAP – de Hasselbrack is het hoogstepunt in de Harburger Bergen.

278
meter: de televisietoren is het hoogste gebouw (de Michel reikt maar tot 132 m).

755
vierkante kilometer stadsgebied en daarmee qua oppervlakte de op een na grootste stad van Duitsland.

160
cruiseschepen doen per jaar de Hamburgse haven aan.

828

maal heeft de haven al zijn verjaardag gevierd (2017).

900

kilometer wandelpaden nodigen uit tot sportieve activiteiten.

1014

plantensoorten groeien in de stad.

2500

bruggen (meer dan Venetië of Berlijn).

3325

meter lang is de nieuwe Elbetunnel.

250.000

bomen omzomen de straten en wegen.

450.000

reizigers verwerkt het Hauptbahnhof dagelijks.

789.000.000

euro kost de belastingbetaler de Elbphilharmonie.

Wat is waar?

De op een na grootste stad van Duitsland ligt aan drie rivieren: aan de Alster met zijn bronnen ten noorden van de stad, aan de Bille en natuurlijk aan de Elbe, die in de Noordzee uitmondt. De interessantste wijken voor bezoekers bevinden zich rondom de Alster en langs de Elbe. Een auto is hier overbodig, want vrijwel alle delen van Hamburg zijn gemakkelijk en comfortabel per bus, trein, metro, veerboten en Alsterboten bereikbaar.

City

De **Rathausmarkt** (kaart 2, G 3) met het bezienswaardige Rathaus (stadhuis) in neorenaissancistische stijl is het middelpunt van Hamburg. Tussen het Hauptbahnhof (hoofdstation) (kaart 2, J 3) en Gänsemarkt (kaart 2, F 2) bevindt zich het **historische centrum**, waar de passages en winkels van internationale allure gevestigd zijn. Maar ook kunstminnaars kunnen hier hun hart ophalen: behalve het **museumkwartier** met de Kunsthalle, Galerie der Gegenwart en de Deichtorhallen zijn het Thalia Theater, Deutsches Schauspielhaus en de Oper zeker een bezoek waard.

Eppendorf

Eppendorf is mooi, maar ook duur. Hier vind je chique restaurants, exclusieve winkels en riante woningen van soms wel 300 m^2 in statige oude appartementsgebouwen. Deze wijk is daarom ook zeer in trek als woonadres bij iedereen die het zich financieel kan veroorloven. Eppendorf wordt natuurlijk ook geassocieerd met Onkel Pö, het legendarische jazzcafé uit het midden van de jaren 1970, waar talrijke (wereld)beroemde muzikanten hebben opgetreden.

Ottensen

Deze wijk, dicht tegen de Elbe, was ooit een industriegebied en woongebied voor de minder bemiddelden. Tegenwoordig is het stadsdeel zeer gewild. Oude fabrieken en loodsen hebben een andere bestemming gekregen, bijvoorbeeld als mediacentrum of als fotostudio. De gerestaureerde **Zeise-Hallen** (C 6), een voormalige schroevenfabriek, huisvesten nu een bioscoop en restaurants. Ottensen is een geslaagde mengeling van eigentijdse creativiteit en traditionele elementen. Hier vind je trendy bars naast traditionele cafés en ecologische markten naast Turkse groentewinkels.

St. Georg

Levendige wijk en middelpunt van de Hamburgse homo- en lesboscene. Het centraal, pal achter het Hauptbahnhof gelegen St. Georg is allesbehalve bekrompen. Hoogtepunt is de jaarlijkse parade voor Christopher Street Day. Tolerantie is een belangrijk kenmerk van St. Georg. In de **Lange Reihe** (J 6) en de zijstraten is het culinaire aanbod van Turkse, Italiaanse en Duitse specialiteiten groot. Op het adres Lange Reihe 71 stond overigens de wieg van de beroemde acteur Hans Albers.

St. Pauli

Geen enkel ander stadsdeel wordt zo sterk met Hamburg geassocieerd als St. Pauli (E 7). Iedereen denkt meteen aan de wereldberoemde **Reeperbahn** of aan de gelijknamige voetbalclub. Seksclubs zijn echter al lang niet meer het allesbepalende element van de rosse buurt. De Hamburgse jeugd heeft de wijk al lang ontdekt: tientallen cafés, dansgelegenheden en clubs; en er is een gevarieerd cultureel aanbod van theaters, musea en galeries ontstaan. Het uitgaanscentrum trekt in het weekend soms tienduizenden bezoekers. In het noorden van St. Pauli liggen de twee trendy wijken **Schanzenviertel** (Sternschanze) en Karolinen- of **Karoviertel** (🗺 E 5).

Univiertel

Tussen station Dammtor, de Rothenbaumchaussee, Grindelhof en de Grindelallee bevindt zich de voormalige joodse wijk (🗺 G 4/5). Het middelpunt vormen de tussen 1909 en 1911 opgetrokken **universiteit** en de **Allendeplatz** in het Grindelviertel. De universiteit telt 40.000 studenten. Ze drukken een belangrijk stempel op de omgeving. In de nabijheid van het universiteitsterrein bevinden zich de bekende bioscoop Abaton, een groot aantal goedkope cafés en restaurants en diverse boekwinkels.

Winterhude

Een veelzijdig stadsdeel (🗺 H–K 1/2): het **Stadtpark** nodigt uit tot joggen en de grote kantoren getuigen van het geloof in vooruitgang in de jaren 1970. In het noorden en oosten staan huurkazernes en fabrieken uit de tijd van de voorlaatste eeuwwisseling, in het zuiden elegante villa's en veel groen. Het Leinpfad behoort tot de toplocaties van de stad. In en rondom de straat Mühlenkamp en de Gertigstraße concentreren zich cafés, restaurants en interessante winkels.

Blankenese

Blankenese ligt in het westen van Hamburg (🗺 kaart 3). Beroemd is het **Treppenviertel** met de oude kapiteinshuizen. Hier roept het voormalige vissersdorp met de schilderachtige omgeving een beeld op, dat heel sterk aan Zuid-Europese contreien doet denken. Vanaf het hoogste punt, de **Süllberg**, heb je een riant uitzicht op de Elbe. Blankenese is een favoriete woonplaats van veel kunstenaars, prominenten en andere welgestelde bevolkingsgroepen.

Kodakmoment

Chillen met uitzicht op de haven

Hamburgers en hun Elbe – dat is een never ending lovestory. Het is ook bijzonder aangenaam om aan de oever rond te hangen, te ontspannen en van verre landen te dromen. Bij zomerse temperaturen zijn daarvoor de Strandperle of de talrijke beachclubs langs de rivier ideale plekken. Bij herfststormen zorgt daarentegen een wandeling in weerbestendige kleding voor een frisse neus – wellness puur zogezegd. Altijd vergezeld door het imposante uitzicht op de haven, de kiemcel van Hamburg en waarborger voor de economische welstand van zijn bewoners.

Hamburgse waterwegen

Spitsuur op het water. Nauwelijks bekend bij bezoekers zijn de wijd vertakte Alsterkanalen in de noordelijke stadswijken. Deze zijn in de weekends toneel van maritieme activiteiten en de stadsmens verandert dan in een waterrat. Alsterboten, kano's en anderssoortige watervoertuigen verlangen vrije doortocht. Om een verkeerschaos te vermijden, zijn er duidelijke bepalingen voor de waterwegen. Regel 1: het is, ondanks goede waterkwaliteit, verboden in de Alster te zwemmen – tenzij je triathleet bent, want dan is zwemmen in de Binnenalster zelfs 1x per jaar gewenst.

Schanzenviertel

Bijna niet te geloven dat deze wijk ooit een stedelijke woestenij is geweest.
Tot eind jaren 1980 waren er in de Schanze volop troosteloze bouwvallen en onbebouwde percelen. Van trendy stadsdeel was toen helemaal geen sprake, gastronomisch was het hier 'tote Hose', oftewel een dooie boel. Maar de huren waren laag, binnenplaatsen en lege werkplaatsen lokten de eerste creatievelingen naar het toen ongastvrije gebied. Tegenwoordig is de levendigste wijk van Hamburg supertrendy. Rondtrekkende partygangers, hipsters, 'iedereen die wat met media doet' en anderssoortigen ontmoeten elkaar hier voor een Club-Mate of een latte – op zijn minst.

Het kompas van Hamburg

#2

Stijlvol winkelen – **Jungfernstieg en passages**

#3

Verbazingwekkende architectuur – **Kontorhausviertel**

BAKSTEENEXPRESSIONISME

als het toch eens regent

(Hoeft niet, kan :-)

#1

Op vierduizend eikenhouten palen – **Rathaus**

op 4000 eikenhouten palen gebouwd!

WAAR BEGIN IK?

1 2 3

15 14 13 12

de Strandperle

Ontspan je!

#15

Schepen kijken – **Övelgönne**

#14

Leven en laten leven – **Ottensen**

DOMWEG JUGENDSTIL!

BONT LEVEN PAL ACHTER HET HAUPTBAHNHOF

#13

Alles even mooi – **Eppendorf**

#12

Gay Pride – **St. Georg**

#4

Hergebruikt cultureel erfgoed – **de Speicherstadt**

#5

Eindelijk gereed – **de Elbphilharmonie**

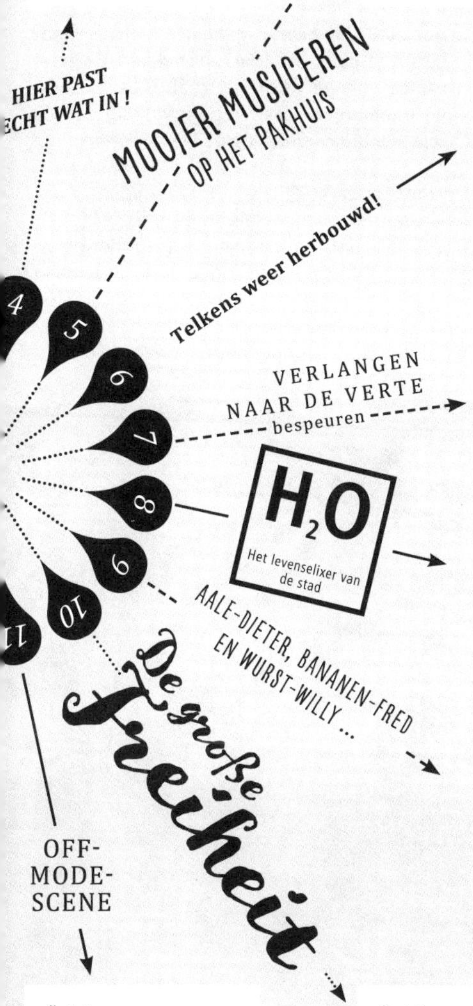

#6

Prachtig uitzicht – **de Michel**

#7

Poort naar de grote wijde wereld – **Landungsbrücken**

#8

Instappen en achteroverleunen – **Havenrondvaart**

#9

Spektakel, rommel en bananen – **Fischmarkt**

#11

Vintage en design – **het Karoviertel**

#10

Strangers in the Night – **Reeperbahn**

1

Op vierduizend eikenhouten palen – **Rathaus**

Het in 1897 in gebruik genomen Rathaus (stadhuis) telt maar liefst 647 vertrekken. De zetel van de Senat en de Bürgerschaft is de trots van de Hamburgers. Zeer bezienswaardig zijn de representatieve zalen op de eerste verdieping.

Een gewelf als in een kerk: en net zo heilig voor de Hamburgers is de zetel van hun Bürgerschaft (parlement).

De **Rathausmarkt** 1 heeft als prominent voorbeeld het San Marcoplein in Venetië. Met een beetje fantasie gaat een vergelijking met de lagunestad – vooral als de zon schijnt – inderdaad best op; de witte Alsterarkaden en de ligging vlak bij het water dragen daartoe bij. In 1982 werd het plein heringericht en kreeg de dichter

Heinrich Heine er een standbeeld, een creatie van Waldemar Otto. Het plein is ook het toneel van evenementen, zoals het Stuttgarter Weinfest, de Weihnachtsmarkt of in de zomer een beachvolleybaltoernooi. In 1962 verzamelden zich meer dan 100.000 mensen op dit centrale plein om de slachtoffers van de stormvloed te herdenken en in 1983 protesteerden hier meer dan 400.000 mensen tegen kernwapens.

Zwanen wachten in de Kleine Alster bij de Rathausmarkt om te worden gevoerd.

Imposant bouwwerk van zandsteen en graniet

Ter gelegenheid van de honderdste verjaardag werd het **Rathaus** 2, het zesde stadhuis uit de geschiedenis van de stad, van binnen en van buiten grondig opgeknapt. Het werd in 1897, na een bouwtijd van elf jaar, in gebruik genomen en is sindsdien zetel van de *Senat* en de *Bürgerschaft* (respectievelijk regering en parlement van de deelstaat Hamburg).

INFO EN OPENINGSTIJDEN

Een **stadhuisbezichtiging** 2 is mogelijk als er geen senaatsvergaderingen zijn. Rathausmarkt 1, www.hamburg.de/rathaus, rondleidingen elk half uur: ma.-vr. 11-16, za. 10-17, zo. 10-16 uur. Iets bijzonders zijn de rondleidingen in het Plattdeutsch (alleen op afspraak), volwassenen € 4, kinderen tot 14 jaar gratis.

Bucerius Kunst Forum 3: Rathausmarkt 2, www.buceriuskunstforum.de, dag. 11-19 uur, volwassenen € 8, gezinnen korting ma. € 5. Moderne kunst met wisselende tentoonstellingen, georganiseerd door der ZEIT-Stiftung.

ETEN EN DRINKEN

Direct onder het stadhuis zit het restaurant **Parlament** 1. Rathausmarkt 1, www.parlament-hamburg.de, ma.-za. 11.30-23 uur, hoofdgerecht ca. € 15, lunch tot 17 uur ca. € 10. traditionele kost. In de zomermaanden is het sfeervolle terras op de binnenplaats van het stadhuis geopend.

Uitneembare kaart G 6/7 | U-Bahn U 3 Rathaus

Om de bouwgrond geschikt te maken, werden vierduizend eikenhouten palen als fundament in de moerassige bodem geplaatst. Het stadhuis is ontworpen door een architectencollectief onder leiding van de bekende Hamburgse architect Martin Haller. Het resultaat is een imposant bouwwerk van zandsteen en graniet in Duitse en Italiaanse renaissancestijl, dat ook in de Tweede Wereldoorlog grotendeels gespaard is gebleven. Alleen het koperen dak van de 112 meter hoge toren brandde tot aan het ijzeren geraamte af en moest worden herbouwd. Om het stadhuis van binnen te leren kennen, zijn er diverse informatieve rondleidingen.

O
OVERIGENS

Het goede overwint het kwaad, niet alleen in Hollywood. Op de binnenplaats van het stadhuis herinnert de fontein **Hygieia-Brunnen** aan de cholera-epidemie van 1892, die meer dan achtduizend mensenlevens eiste. De gestileerde figuur stelt Hygieia voor, dochter van Asclepius en patrones van de apothekers, die triomferend op de draak staat die de cholera symboliseert.

Het interieur

De bezoeker krijgt er een goede indruk van hoe welvarend de stad is en was. Het gebouw telt 647 vertrekken. Behalve die voor de Senat en de Bürgerschaft zijn er op de bovenverdieping prachtig ingerichte kamers en de grote feestzaal met een reusachtige wandschildering die de geschiedenis van de stad uitbeeldt.

Het Matthiae-Mahl

Onder de wandschildering vindt naast officiële ontvangsten en feesten ook het jaarlijkse Matthiae-Mahl (24 feb.) plaats. Het maal bestaat in Hamburg sinds 1356 en is daarmee de oudste, ononderbroken gehouden feestmaaltijd ter wereld. De Matthiasdag gold in de middeleeuwen als begin van de lente, wanneer de burgemeester werd gekozen, weersvoorspellingen werden gedaan en orakelhandelingen uitgevoerd. Tegenwoordig worden voor het feestmaal altijd een buitenlandse en een Duitse eregast en verder nog zo'n vierhonderd 'gewone' gasten uitgenodigd. Meer dan een week lang wordt hiervoor het senaatszilver gepoetst en de feesttafels zijn ongeveer 132 meter lang.

Trots van de hanzeaten: stadhuis met de stadhuistoren.

OM DE HOEK

Slechts luttele minuten te voet vanaf het stadhuis ligt Frankrijk. **Café Paris** 2 (Rathausstr. 4, www.cafeparis.net, ma.-zo. 9-23.30 uur, ontbijt vanaf € 8) biedt zijn klanten een perfecte Parijse gastronomische ambiance met bijbehorende brasseriekeuken. Vive la France!

Stijlvol winkelen – **Jungfernstieg en passages**

#2

De Jungfernstieg is een van de populairste promenades van de stad. Geen wonder, want aan een kant pronken prachtige gebouwen uit het einde van de 19e eeuw en ertegenover ontvouwt zich het wijdse uitzicht op de Alster. Hier heb je ook de beste winkels en warenhuizen van het stadscentrum binnen handbereik. Sinds de jaren 1980 vertoont de Hamburgse binnenstad een vlechtwerk van overdekte winkelpassages. Ideaal, niet alleen bij slecht weer.

In de binnenstad laat het aanbod van de winkels eigenlijk geen wensen onvervuld, aangenomen dat je over een goed gevulde portemonnee beschikt. Het Alsterhaus in de Jungfernstieg is een warenhuis van topniveau. Verder zijn er nog talrijke winkels die door de eigenaars zelf worden gedreven en heel servicegericht zijn. Natuurlijk zijn ook hier de filialen van de bekende merken

Wie in de winkelstraten van Hamburg niets vindt, is daar zelf de schuld van!

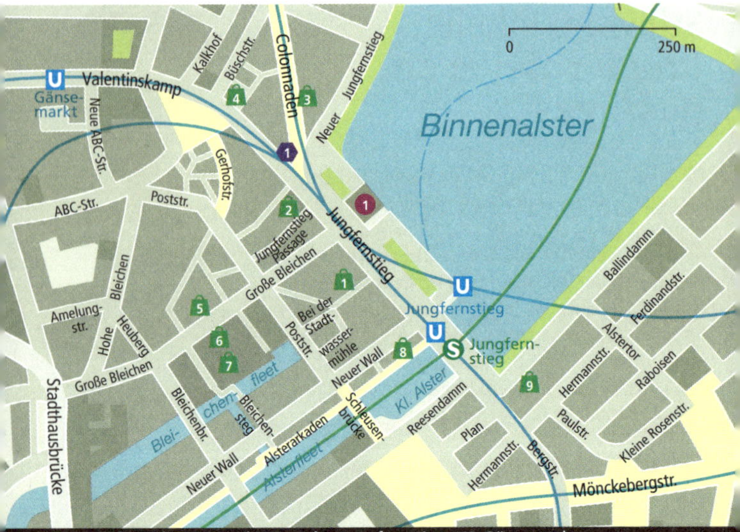

Uitneembare kaart G 6 | **U/S-Bahn** Jungfernstieg, U2 Gänsemarkt

ETEN EN DRINKEN

Alex im Alsterpavillon ❶: Jungfernstieg 54, tel. 040 350 18 70, www.dein-alex.de, ma.-do. 8-1, vr., za. 8-2, zo. 9-1 uur, ontbijtbuffet vanaf € 9. De sfeer is discutabel, maar het uitzicht op de Alster maakt weer een heleboel goed.

gevestigd, zoals dat in elke andere stad het geval is, maar in Hamburg kom je op nog heel wat plaatsen speciale winkels tegen.

Een heel belangrijke bijdrage tot het commerciële succes en tot de ambiance van de Hamburgse binnenstad hebben de vele passages geleverd, die sinds de vroege jaren 1980 zijn ontstaan. Het idee van galerijen was voor de Hamburgers toen ook al niet vreemd, want in 1843 werd in de stad de eerste winkelpassage van Duitsland geopend, Sillem´s Bazar. Die bevond zich ongeveer daar waar nu de Hamburger Hof ist. Ook toentertijd was flaneren, kijken en bekeken worden onder het glazen dak al minstens even belangrijk als inkopen doen in de dertig winkels, of als koffie drinken.

Jungfernstieg en Gänsemarkt

Na het verlaten van het U-Bahnstation Jungfernstieg ligt de boulevard aan de Binnenalster aan je voeten. Aan de naar het water gerichte kant bevindt zich het traditierijke **Alsterpavillon** 1, dat al sinds 1799 deze plek bezet. Het huidige gebouw verrees in 1952/53 naar een ontwerp van de Hamburgse architect Ferdinand Streb. Aan de buitenkant zijn de architectonische geest en het optimistische levensgevoel van de jaren 50 nog steeds zichtbaar. Binnen is een filiaal van de gastronomische keten Alex gevestigd: eten en drinken met een grandioos uitzicht. Tegenover, aan de overkant van de straat, maakt het **Alsterhaus** 1 winkelen tot een ultiem genoegen. Het warenhuis behoort, naast het KaDeWe in Berlijn, tot de beste van Duitsland. Wie in het restaurant een plek aan het raam weet te bemachtigen, heeft alle reden tot blijdschap, want het uitzicht van bovenaf op de Binnenalster is prachtig.

Aan dezelfde kant is de **Hamburger Hof** 2, een passage die door diverse gebouwen loopt. Op de eerste verdieping lokt de Hofparfumerie met exclusieve geurtjes van over de hele wereld.

Het **Nivea-Haus** 1 precies op de hoek Jungfernstieg/Neuer Jungfernstieg nodigt de bezoeker uit, de complete wereld van Nivea te komen ontdekken. Op drie verdiepingen zijn wellness, verjonging en ontspanning de voornaamste thema's.

We belanden vervolgens in de Colonnaden. Deze straat verbindt de Alster met de Stephansplatz. De winkelgalerij doet eerder aan Bologna denken dan aan een grote Noord-Duitse stad. Een tip voor degelijke herenconfectie is **Cove & Co.** 3, waar kleding en schoeisel in traditionele Engelse stijl (Colonnaden 16) wordt verkocht. Daarnaast zit **Pfeifen Tesch**, vakkundige adviezen en een groot assortiment rookartikelen. Tegenover gaan we de twee verdiepingen tellende **Gänsemarkt-Passage** 4 in, die rechtstreeks naar de Gänsemarkt leidt. Daar zit *JUN Guys & Dolls*. De winkel is gespecialiseerd in extravagante streetwear. Hiertegenover zit Mercedeh Shoes. De zaak heeft filialen in Monaco en Cannes en even mondain is ook de designschoenencollectie. Recht vooruit ligt het verkeersknooppunt Gänsemarkt met het standbeeld van Lessing, die van 1767-1779 in de stad verbleef. Het plein is in 1985 heringericht en daarbij is het monument van de dichter vanuit het midden naar links verplaatst.

B
BOOT-TOCHT

Wil je na het winkelen even uitblazen en heb je nog niet genoeg van Hamburg, dan kun je een **boottochtje over de Alster** maken vanaf de aanlegplaats Jungfernstieg, elk uur tussen 10.15 en 17.15 uur en tussen 11.10 en 18.10 uur vanaf het Winterhuder Fährhaus. Daar kun je van boord gaan of terugvaren naar de aanlegsteiger bij de Jungfernstieg.(volwassenen € 15, kinderen € 7,50).

Prentbriefkaartklassieker: Alsterboot met Alsterpavillon.

Van het plein takt de Passage Neuer Gänsemarkt af. Diverse restaurants bieden hier gerechten uit verschillende landen aan.

Hohe Bleichen en Neuer Wall

Een blik naar boven werpen is de moeite waard: de Mellin-Passage.

Verder richting Hohe Bleichen: dit gebied ontwikkelt zich meer en meer tot een centrum van kwaliteitsmode: merken als Paul Smith en Stone Island (▶ blz. 102) zijn hier vertegenwoordigd evenals Ralph Lauren en Hackett. Ook voor de inwendige mens is gezorgd, want Vaipiano en Edel Curry zitten om de hoek.
We gaan linksaf over het plein langs het hotel Renaissance Hamburg en weer linksaf de Große Bleichen in. Na enkele meters komen we bij de ingang van het **Hanse-Viertel** 5, de bekendste passage van de stad. Het Hanse-Viertel telt meer dan zestig winkels. In het plaveisel zijn bronzen platen geplaatst met afbeeldingen van de zegels van de vroegere Hanzesteden. Een volgende uitgang naar de Große Bleichen voert pal aan de overkant van de straat naar de elegant vormgegeven **Kaisergalerie** 6**.** Op deze plek bevond zich tientallen jaren lang het Ohnsorg Theater, tegenwoordig zijn hier luxeartikelen te koop.

Pal ernaast gaan we naar de **Galleria** 7, de elegante in marmer uitgevoerde passage, die in 1983 gereedkwam. In deze chique omgeving hoort ook Otten von Emmerich thuis, de zaak die zich toelegt op de aan- en verkoop van luxeartikelen. Of het nu gaat om horloges van Rolex, sjaals van Hermès of tassen van Vuitton – duremerkenfanaten vinden hier meestal wel iets van hun gading.

Via de brug over de Bleichenfleet bereiken we de Poststraße, die we naar rechts volgen en we gaan dan linksaf de Neuer Wall in. In de directe omgeving zijn flagshipstores van chique merken gevestigd. Aan de rechterkant zie je de oudste nog bestaande winkelgalerij, de **Mellin-Passage** 8. Na een brand is deze in 1995 gerestaureerd. Hier zijn traditionele Hamburgse winkels gevestigd. Aan het andere uiteinde gaan we door de Alsterarkaden terug naar de Jungfernstieg.

OM DE HOEK

Aan de Ballindamm bevindt zich het grootste winkelcentrum van de binnenstad: de **Europa-Passage** 9 met meer dan 120 winkels.

Verbazingwekkende architectuur – **Kontorhausviertel**

#3

Het Kontorhausviertel in het zuidelijke deel van de binnenstad verrees eind 19e, begin 20e eeuw. Een nieuwe bouwmethode maakte een zeer variable ruimte-indeling mogelijk, wat bijzonder in de smaak viel bij de huurders en tot het succes van dit type gebouw heeft bijgedragen. De indrukwekkendste kontorhäuser zijn rondom het Chilehaus gesitueerd.

De Hamburgse *kontorhäuser* zijn een stedenbouwkundige en architectonische uitdrukking van koopmansgeest en hanzeatische handelstraditie. De bloeitijd van deze grote kantoorgebouwen begon eind 19e, begin 20e eeuw en duurde tot ver in de jaren 30. Voorwaarde voor het ontstaan

Een schip van de avant-garde of toch eerder een 'strijkijzer'? Het Chilehaus.

van dit type gebouw was de introductie van de staalskeletbouwmethode en de introductie van de lift en paternoster. Zonder deze technische nieuwigheden zouden de ruime, vrij indeelbare etageruimtes niet denkbaar en op de hogergelegen verdiepingen natuurlijk niet te verhuren zijn geweest. Het historische Kontorhausviertel ligt in het zuiden van de binnenstad tussen Oberhafen en de Mönckebergstraße met zijn warenhuizen.

Komend vanaf het U-Bahnstation Mönckebergstraße in de richting van het Hauptbahnhof zie je aan het einde van de straat het **Klöpperhaus** 1 (Mönckebergstraße 3), waar nu het Kaufhof is gehuisvest. De beroemde architect Fritz Höger ontwierp het gebouw voor de firma Klöpper AG, die onder andere actief was in de wolhandel. Rechts op de hoek van Lange Mühren, waar nu het Saturn-Parkhaus staat, bevond zich de eerste bad- en wasinrichting van Europa. Op het adres **Steinstraße 10** 2 verrees begin jaren 1920 een kontorhaus in neoclassicistische stijl. Het bouwmateriaal is zandsteen – ongebruikelijk en duurder dan baksteen, maar ook representatiever. In het gebouw is het belastingkantoor van de binnenstad gehuisvest. In de Springeltwiete zie je aan de rechterkant het **Altstädter Hof** 3. Het is het enige complex in deze buurt, dat uitsluitend voor woondoeleinden werd gebouwd. Rechtdoor komen we bij het **Sprinkenhof** 4, het grootste kontorhaus van de stad, tussen 1927 en 1943 naar een ontwerp van Höger en de gebroeders Gerson gebouwd. Het middelste blok is versierd met een opvallend horizontaal baksteenpatroon. Op de binnenplaats imponeren de vergulde stenen en het inlegwerk, die maritieme thema's uitbeelden. Eveneens bezienswaardig is het trappenhuis bij de ingang Burchardstraße 8.

Behalve de prachtige gevels in het Kontorhausviertel maakten ook de trappenhuizen altijd deel uit van een zorgvuldige enscenering van de kooplieden, die daarmee hun welstand en importantie onderstreepten.

▶ INFO

Wie van te voren informatie wil inwinnen over het **Chilehaus**, kan een kijkje nemen op www.chilehaus.de. Hier kun je ook met een webcam de omgeving verkennen.

Rondom het Chilehaus

Tegenover aan de Burchardplatz staat een symbool van Hamburg, het beroemde **Chilehaus** 5. Het kontorhaus geldt als voornaamste werk van het Noord-Duitse expressionisme. Het Chilehaus werd tussen 1922 en 1924 gebouwd naar een ontwerp van Fritz Höger voor de zakenman en bankier Sloman. Vanwege de voor toenmalige begrippen avant-gardistische vorm gaven de Hamburgers het de naam *Bügeleisen* (strijkijzer).

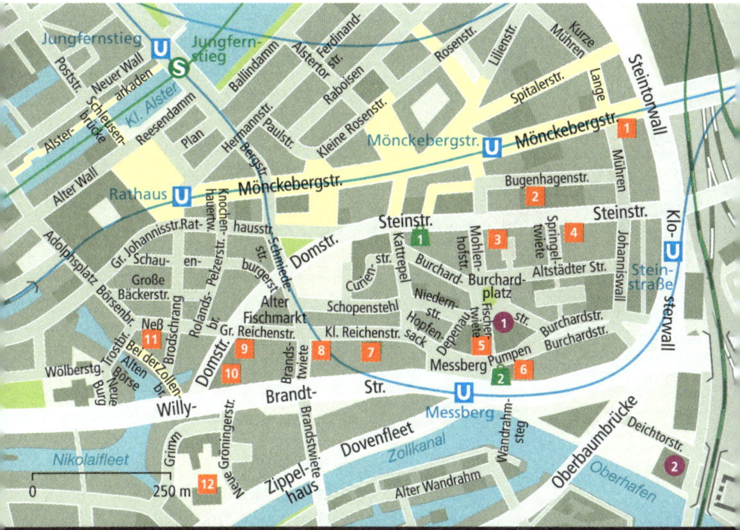

Uitneembare kaart G/H 7 | **U-Bahn** U 3 Mönckebergstraße

ETEN EN DRINKEN

Sausalitos ❶ (Fischertwiete 2, www.sausalitos.de, ma.-za. 17-24, zo. 11-24 uur, gerechten ca. € 12) biedt Mexicaanse kost voor schappelijke prijzen. Populair is de knapperige *Caesar's Salad*.

In de Deichtorhallen bevindt zich **Fillet of Soul** ❷ (Deichtorstr. 2, www.fillet-of-soul.de, di.-za. 11-24, zo. 11-22 uur, hoofdgerechten ca. € 25). Creatieve crossoverkeuken, eigengemaakte taarten en Belgische wafels vormen het assortiment.

CULTWINKELS

In het **Manufactum Warenhaus** (Chilehaus 5, ingang A, Fischertwiete 2, ma.-vr. 10-19, za. 10-18 uur) kun je een groot deel van de verzendartikelen bekijken en kopen. **Kölln Haferland** 1 (Steinstr. 27, ma.-za. 10-18.30 uur) is een mix van winkel, gastronomie en fabriek, alles ook om mee te nemen. Bij **Hachez Chocoversum** 2 (Meßberg 1, www.chocoversum.de, dag. 10-18 uur, volwassenen € 15, met korting € 13,50) draait alles om chocolade: geschiedenis, proeven, cursussen.

De schuin naar boven uitstekende punt, die het gebouw zijn onverwisselbare karakter verleent, was oorspronkelijk niet gepland en is pas ontstaan door de wens de bouwgrond optimaal te benutten. De Zuid-Amerikaanse condor op de uitstekende punt is een eerbewijs aan de opdrachtgever, die zijn geld in Chili had verdiend. Op de binnenplaats van ingang A en B kun je je ervan overtuigen, dat de architect terecht *Klinkersticker* (baksteenborduurder) werd genoemd, want de bijzondere baksteenversieringen bereiken hier hun hoogtepunt.

Hier vlakbij bevindt zich de op een flatgebouw lijkende **Meßberghof** 6. De expressionistische plastieken van Ludwig Kunstmann, die zich hier oorspronkelijk bevonden, zijn nog in de kelder te zien. Nu zie je hier acht sculpturen van Lothar Fischer, *Enigma-Variationen* geheten. Terug naar het Chilehaus, dat de Polizeiwache Klingberg 1 vast omklemt. Dit politiebureau werd in 1906 gebouwd, maar lijkt meer op een herenhuis uit de baroktijd.`

Getuige uit de koloniale tijd: olifant voor het Afrikahaus.

Oude en nieuwe generatie

Van recentere datum is het **Danske Hus** 7, ontworpen door de architecten Kleffel, Köhnholdt en Gundermann. De bakstenen stammen uit dezelfde oven als die van het Chilehaus; er is bewust vierde keus gebruikt, omdat de onregelmatigheden het gebouw een levendig tintje geven. Nog een voorbeeld van de bouwkunt van datzelfde architectenbureau is het **Neue Dovenhof** 8, Brandstwiete 1, aan de buitenkant in baksteen en van binnen in beton uitgevoerd. De binnenplaats doet denken aan de film *Metropolis*. In de Große Reichenstraße 27 staat het **Afrikahaus** 9, dat in 1899 werd gebouwd. Opmerkelijk is de voorgevel in de kleuren van de vlag van de vroeger hier gevestigde rederij. De krijger en de beide olifanten verwijzen naar het zwarte continent. Het **Zürichhaus** 10, Domstraße 17, is ook een kontorhaus van de nieuwe generatie, ontworpen door Gerkan, Marg und Partner, dat indruk maakt met zijn glazen hal.

Het **Laeiszhof** 11, Trostbrücke 1, verrees in 1897/1898 naar een ontwerp van Hansen, Meerwein en Haller. De bouwstijl is beïnvloed door de wilhelminische periode (1890-1918) en sluit aan op die van de omliggende pakhuizen. Op een dakgevel is een poedel te zien, een toespeling op de troetelnaam van de echtgenote van de opdrachtgever. De paternoster binnen functioneert nog.

St. Katharinenkirche: aan het uitzicht vanaf de toren gaat een flinke klim vooraf.

OM DE HOEK

Een bezoek waard is de **St. Katharinenkirche** 12 (www.katharinen-hamburg.de) met een mooi uitzicht vanaf de toren op de binnenstad en de haven. De beklimming (alleen onder begeleiding) kost € 3. Aanmelden in het Gemeindebüro, tel. 040 30 37 47 30 en kontakt@katharinen-hamburg.de.

Hergebruikt cultureel erfgoed – **de Speicherstadt**

#4

Bj de aanblik van de imposante baksteengebouwen verbaast het niemand dat de Speicherstadt, samen met het aangrenzende Kontorhausviertel, tot UNESCO-werelderfgoed is verklaard. Naast het traditionele gebruik als opslagplaats van goederen bieden de vemen ook onderdak aan musea en Miniatur Wunderland, de grootste modelspoorbaan ter wereld.

Er hangt een aromatische geur en in het water van de grachten weerspiegelen zich de torens en kantelen van de historische Speicherstadt. Die werd van 1885 tot 1910 in drie fasen op het Kehrwiederinsel/Wandrahminsel gebouwd. Door verwoesting tijdens de Tweede Wereldoorlog en sloop is de huidige omvang beduidend geringer dan na de voltooiing. Hier wordt circa 400.000 m^2 opslag- en kantoorruimte verhuurd. Achter de meer dan

Bruggen in de Speicherstadt.

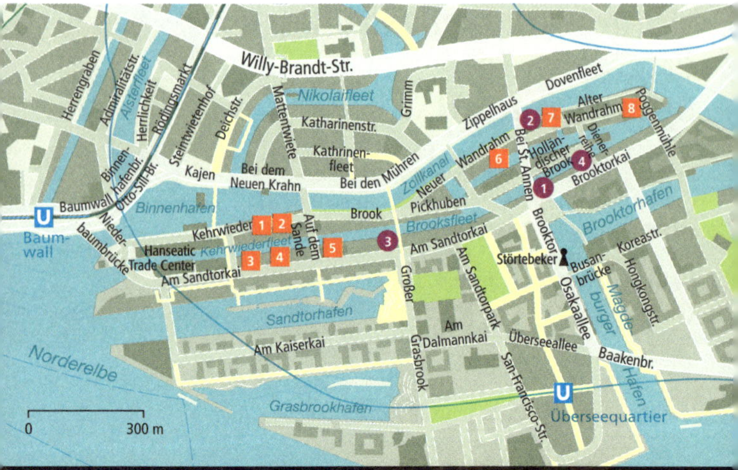

Uitneembare kaart G/H 7 | **U-Bahn** U 3 Baumwall

INFO EN OPENINGSTIJDEN

Miniatur Wunderland 1: Kehrwieder 2-4, Block D, www.miniatur-wunderland.de, dag. minstens 9.30-18, di., za. tot 21, vr. tot 19, zo. tot 20 uur geopend, 's zomers langer, volwassenen € 13, met korting € 6,50, 's werelds grootste modelspoorbaan.

Hamburg Dungeon 2: Kehrwieder 2, Block D, www.the-dungeons.de, dag. 10-17 uur, volwassenen € 25,95, kinderen € 20,50. Griezelshows voor sterke zenuwen. Online zijn de kaartjes goedkoper.

Speicherstadtmuseum 3: Am Sandtorkai 36, www.speicherstadtmuseum.de, mrt.-nov. ma.-vr. 10-17, za.-zo. 10-18 uur, dec.-feb., di.-zo. 10-17 uur, volwassenen € 4, kinderen € 2,50. Het museum behandelt de geschiedenis van de Speicherstadt.

Spicy's Gewürzmuseum 4: Am Sandtorkai 32, www.spicys.de, di.-zo. 10-17 uur, juli-okt. ook ma., volwassenen € 5 incl. kruiden proeven, kinderen € 2

Kaffeemuseum Burg 6: St. Annenufer 2, www.kaffeemuseum-burg.de, di.-zo. 10-18 uur, volwassenen € 10, met korting € 8. Alles over het thema koffie, incl. rondleiding en prroeverij.

Deutsches Zollmuseum 7: Alter Wandrahm 16, www.zoll.de, di.-zo. 10-17 uur, volwassenen € 2, tot 17 jaar gratis. Hier wordt de geschiedenis van de douane met meer dan duizend objecten uit de doeken gedaan.

ETEN EN DRINKEN

Fleetschlösschen 1 (Brooktorkai 17, www.fleetschloesschen.de, ma.-vr. 8-22 uur, gerechten ca. € 6) serveert goedkoop middageten inclusief soep van de dag. Eveneens een goede tip voor een tussendoortje of na de rondleiding is **Schönes Leben** 2 (Alter Wandrahm 15, www.speicherstadt.schoenes-leben.com, dag. 11-23, zo. vanaf 10 uur, hoofdgerechten ca. € 15). Een stijlvol etablissement is **Vlet** 3, dat Noord-Duitse kost voorschotelt in een gerestaureerd pakhuis (Am Sandtorkai 23/24, www.vlet.de, ma.-za. 18-24 uur, hoofdgerecht ca. € 20). Het **Wasserschloss** 4 (Dienerreihe 4, www.wasserschloss.de, dag. vanaf 10 uur, lunch ca. € 9) behoort tot de meest gefotografeerde gebouwen in de Speicherstadt. De gasten worden verrast met gastronomische hoogstandjes en een Teekontor met 250 soorten thee.

honderd jaar oude muren liggen waardevolle goederen opgeslagen zoals koffie, specerijen en tapijten. Hamburg is 's werelds grootste overslagplaats van oosterse tapijten. Meer dan de helft van de opslagruimte in de Speicherstadt wordt in beslag genomen door de tapijtenhandel. De klimatologische omstandigheden voor het opslaan van goederen zijn gunstig: bij een maximale luchtvochtigheid van 70% wordt het 's winters niet kouder dan 5°C en 's zomers niet warmer dan 20°C.

Ook de lage huurprijzen van soms slechts € 3 per vierkante meter maken deze opslagruimte heel gewild. Tot enkele jaren geleden konden huurcontracten voor commerciële doeleinden uitsluitend met de eigenaar, de Hamburger Hafen- und Lagerhaus AG, worden afgesloten. Daar is echter verandering in gekomen met het project HafenCity. De Speicherstadt, kiemcel van de Hamburgse Freihafen, maakt sinds 2003 geen deel meer uit van het vrijhandelsgebied. Nu ontstaan in het nieuwste gedeelte van de Speicherstadt, tussen Alter en Neuer Wandrahm, ook steeds meer gebieden met een gemengde bestemming. Het hele gebied maakt een ingrijpende verandering door. Binnen een tijdsbestek van ongeveer 25 jaar zal ten zuiden van de historische pakhuizen een compleet nieuwe stadswijk met een modern-chique ambiance verrijzen, die wonen, vrije tijd, toerisme en werk met elkaar verbindt (► blz. 36).

Chillout in de Speicherstadt.

Fleete en Wunderland

De rondwandeling begint bij het U-Bahnstation Baumwall. Via de Niederbaumbrücke belanden we links langs het gebouw van de havenpolitie in het van de Freihafen afgescheiden westelijke deel van de Speicherstadt, de Kehrwiederfleet. Behalve het uit nieuwe kantoorgebouwen bestaande Hanseatic Trade Center is ook de nu eindelijk gereedgekomen **Elbphilharmonie** (► blz. 40) te zien. Hier stond vroeger het Kaiserspeicher, dat samen met de Sandtorkai als voorbeeldige haveninstallatie gold. Verderop aan de andere kant van de Kehrwiederstieg heb je vanaf de brug en tussen de blokken D en L door een indrukwekkend uitzicht op het oudste gedeelte van de Speicherstadt, dat in slechts drie jaar tijd werd gebouwd. Dit was alleen mogelijk dankzij de geavanceerde staalskeletbouwmethode.

Moderne kunst vindt men overal: in het water weerspiegelde huizen.

Detail in Miniatur Wunderland: liefdespaar te midden van de zonnebloemen.

Tegenover Block D ligt de Nikolaifleet bij de Kehrwieder Brook met de achterkant van de Deichstraße. Goudkleurige firmanamen sieren de gebouwen. Ze verwijzen naar bedrijven hier in de wijk en naar twee attracties, die hier in de directe omgeving zijn gevestigd. **Miniatur Wunderland** 1 is een toeristische attractie voor het hele gezin en de drukstbezochte permanente tentoonstelling van Noord-Duitsland. Wunderland ontving sinds zijn opening meer dan 12 miljoen bezoekers. Jonge en oude spoorwegliefhebbers komen hier aan hun trekken. 's Werelds grootste modelspoorbaan wordt voortdurend uitgebreid. De secties Frankrijk en Engeland zijn gepland en aan Italië wordt gewerkt. Om wachttijden te voorkomen, is het raadzaam van tevoren een kaartje te reserveren, of piektijden te vermijden (in het weekend en op feestdagen heerst er topdrukte).

In de aangrenzende **Hamburg Dungeon** 2 kun je vijfhonderd jaar duistere geschiedenis van Hamburg beleven. Het lugubere verleden wordt met veertien liveshows, met speciale effecten en angstaanjagende ritten geënsceneerd. De grote brand van Hamburg, de terechtstelling van de beruchte piraat Störtebeker, de vloed van 1717 of de pest: aan schrikwekkende thema's is hier geen gebrek. Wie sterke zenuwen heeft, moet zich dit spektakel niet laten ontgaan.

O OVERIGENS

De **Speicherstadt** is het grootste op eikenhouten palen opgetrokken pakhuiscomplex ter wereld en werd eind 19e eeuw in verschillende delen gebouwd. Niet bepaald enthousiast over het prestigieuze bouwproject waren de arbeiders en handwerkslieden die hier woonden. Ongeveer 20.000 mensen moesten gedwongen verhuizen om plaats te maken voor de nieuwe baksteengebouwen.

Pakhuizen en musea

Op het adres Am Sandtorkai 36 zit het **Speicherstadtmuseum** 3. Het geeft een goed historisch overzicht over dit deel van Hamburg. Er zijn warenmonsters, balen rubber, koffiezakken, plattegronden en foto's en gereedschappen te zien.

Op nummer 32, bevindt zich het **Spicy's Gewürzmuseum** 4. Hier worden meer dan 900 voorwerpen uit vijf eeuwen getoond. Ongeveer 50 soorten kruiden, deels in de originele vorm, zoals ze uit de productiegebieden komen, mogen worden aangeraakt, besnuffeld en geproefd.

Op het adres Am Sandtorkai 30 stond vroeger de elektriciteitscentrale van de Speicherstadt, die een van Hamburg onafhankelijke stroomvoorziening mogelijk maakte. Nu bevindt zich hier het **Kesselhaus** 5 met het **HafenCity Infocenter**. Aan de hand van een grote maquette wordt op een indrukwekkende manier verduidelijkt hoe het complete gebied rondom de Speicherstadt zich in de komende twintig jaar zal ontwikkelen. Ook het bijbehorende café is een bezoek waard (di.-zo. 10-18 uur, toegang gratis).

Wanneer we de Sandtorkai verder volgen, in het bovenste gedeelte van blok M, is duidelijk te zien hoe bij de wederopbouw is geprobeerd om de architectuur van de oude pakhuizen te benaderen. Het is te danken aan de architect Kallmorgen dat veel in de oorlog verwoeste gebouwen niet domweg zijn gesloopt, maar herbouwd. Bij het Brooktor staat enigszins verborgen een **monument voor de zeerover Klaus Störtebeker**, die in 1401 in Hamburg terecht werd gesteld. We gaan terug over de St. Annenbrücke. Op de hoek Holländischer Brook/Bei St. Annen 1 staat het stadhuis van de Speicherstadt. Nu is hier de Hamburger Hafen- und Lagerhaus AG gehuisvest. Ertegenover kun je het interessante **Kaffeemuseum Burg** 6 aan de St. Annenufer bezoeken.

Mooi uitzicht

Voor de Wandrahmsfleetbrücke staat aan de rechterkant het woonhuis, waar vroeger handwerkslieden van de Speicherstadt woonden. Het uitzicht vanaf de brug naar links in de Wandrahmsfleet laat de Speicherstadt van zijn mooiste kant zien. We gaan linksaf via de Alter Wandrahm de Speicherstadt uit – behalve wie nog een kijkje wil nemen in het **Deutsches Zollmuseum** 7. Helmen, douaneborden en oude documenten wachten hier op bezoekers. Je kunt ook aansluitend een bezoek brengen aan de aangrenzende HafenCity (▶ blz. 36).

OM DE HOEK

Door een blinde medewerker worden kleine groepen door de tentoonstelling **'Dialog im Dunkeln'** 8 geleid. Je betreedt een wereld van complete duisternis. In de weekends is er ook een 'Dinner in the Dark', een viergangenmenu opgediend door blind en slechtziend personeel (€ 69/pers.). In 2017 is er met 'Dialog mit der Zeit' nog een belevingstentoonstelling over het ouder worden bijgekomen (Alter Wandrahm 4, www.dialog-im-dunkeln.de, di.-vr. 9-17, za. 10-20, zo. 10-18 uur, alleen op afspraak, volwassenen € 19, kinderen € 11,50, Dinner in the Dark vr., za. 19 uur).

▶ INFO

Lekkerbekken opgelet! Er is een **Schokoladen-Rundgang** (chocoladerondgang) door de Speicherstadt en het Kontorhausviertel. Info op http://rosinenfischer.de/kakao-kontore-kaufleute.

Luguber detail uit de kooi voor de Hamburg Dungeon.

5

Eindelijk gereed – de Elbphilharmonie

Hier ontstaat het Hamburg van de toekomst en het nieuwe symbool van de stad, de Elbphilharmonie. Architectuurliefhebbers kunnen hier hun hart ophalen, want het contrast tussen moderne gebouwen en de historische Speicherstadt is indrukwekkend. Vanaf het ViewPoint HafenCity krijg je een goed overzicht van de laatste ontwikkelingen.

Het project HafenCity werd in de jaren 1990 als een geheim plan door oud-burgemeester Henning Voscherau bespoedigd, om grondspeculatie en politieke problemen te verhinderen. Slechts enkelen waren tot dan toe in het onderwerp ingewijd.

Pas in 1997 kwam het plan voor een geheel nieuw stadsdeel, waarmee de binnenstad tot

Een geheel nieuwe kijk op de stad: uitzicht op Hamburg door de ramen van de Elbphilharmonie.

2020 met bijna de helft wordt uitgebreid, in de openbaarheid. In het voorjaar van 2000 werd het project door de *Senat* goedgekeurd. De HafenCity breidt zich uit van het westen, waar de Elbphilharmonie zich bevindt, naar het oosten, en van het noorden naar het zuiden. De nieuwe stadswijk telt ruim 2000 inwoners en er werken ongeveer 9000 mensen. Er is ook een school; de HafenCity begint tot leven te komen.

Elbphilharmonie.

Maritieme geschiedenis in het oudste pakhuis

De rondwandeling voert door een deel van de wijk dat nog in aanbouw is en eindigt in het al opgeleverde gebied. De excursie begint bij het U-Bahnstation Meßberg, uitgang richting Speicherstadt. Bij St. Annen gaan we linksaf de bruggen over en de Speicherstadt in. De Sandtorkai is de stedenbouwkundige grens tussen het historische deel en de nieuwe HafenCity. Van de Brooktorkai gaan we naar links richting **Internationales Maritimes Museum** 1 in de Kaispeicher B, die we via de gebogen voetgangersbrug bereiken. Het bakstenen gebouw van tien verdiepingen werd in 1878/1879 opgetrokken en is daarmee ongeveer tien jaar ouder dan de gebouwen van de Speicherstadt. Het is het oudste pakhuis van de stad. Het museum besteedt aandacht aan drieduizend jaar maritieme geschiedenis. Hier zijn 36.000 scheepsmodellen, waaronder een passagiersschip van 780.000 LEGO-stenen en het wereldwijd enige model van puur goud te bewonderen. Ongeveer vijfduizend schilderijen, etsen, aquarellen en nog veel meer objecten worden in het onder monumentenzorg staande gebouw tentoongesteld. In het **café-restaurant** kan worden genoten van een welverdiende pauze en in de winkel zijn maritieme souvenirs te koop.

Het hart van de HafenCity

Terug bij de Brooktorkai gaan we linksaf de Osakaallee in. Hier wordt in de toekomst langs de Magdeburger Hafen een promenade aangelegd, aan het einde waarvan het Science Center aan de Elbe is gepland. Richting binnenstad is het stadhuis dan via de Kornhausbrücke en de St. Annen-Brücke binnen een kwartier te bereiken; de binnenstad zou dan werkelijk weer aan het water

K KOSTEN

Daar heeft iemand zich klaarblijkelijk enigszins verrekend: oorspronkelijk zouden de **bouwkosten van de Elbphilharmonie** € 77 miljoen bedragen. Aan het begin van de bouw in 2007 bedroegen die € 114 miljoen, in 2012 dik € 575 miljoen. Een jaar later moest de burgemeester uiteindelijk melden dat de bouw de belastingbetaler € 789 miljoen gaat kosten.

Een unieke klank- en lichtbelevenis op elk heel uur maakt het wachten op de volgende metro tot een waar genoegen: de illuminatie in het U-Bahnstation HafenCity Universität wordt begeleid door klassieke muziek.

terugkeren. Rechts van de Osakaallee is het Überseequartier, dat al grotendeels opgeleverd is. De **Überseeboulevard** vormt hier het middelpunt. Deze gaat ooit door de wijk tot aan de Elbe lopen. Cafés en allerlei soorten winkels in het noordelijke gebied duiden al op een toekomstige urbaniteit. De **Cinnamon Tower** 2 steekt met zijn 57 m boven het Überseequartier uit. Dit gebied van ongeveer 8 hectare wordt het hart van de HafenCity.

Pal naast de Tower staat het enige historische bouwwerk van het hele gebied, het onder monumentenzorg staande voormalige gebouw van het Amt für Strom und Hafenbau. In de toekomst wordt hier naar verluidt een mediterrane sfeer gecreëerd. Het plan is om van het gebouw een markthal te maken. Pal ernaast bevindt zich het **InfoPavillon Überseequartier** 3. Hier is uitgebreide informatie verkrijgbaar over het Überseequartier en de vorderingen van het project aan de hand van maquettes en foto's (www.ueberseequartier.de, dag. behalve di. 11-18 uur).

De tocht gaat verder via de Osakaallee rechtsaf de Überseeallee in. Aan het eind daarvan is het **Heizwerk** 4 (warmwatercentrale) te zien. We gaan linksaf de San-Francisco-Straße in. Bezienswaardig is daar links het futuristisch vormgegeven station Überseequartier van lijn 4 van de U-Bahn, die de HafenCity met de Jungfernstieg verbindt. Rechts gaat het langs het kleine Grasbrookpark en via de Großer Grasbrook naar de Marco-Polo-Terrassen.

De stad stevent af op de Elbe

De **Marco-Polo-Terrassen** nodigen met gazons en houten vlonders uit tot verpozen. Van hieruit heb je een mooi uitzicht op de Elbe en de Grasbrookhafen, waar een moderne jachthaven zal ontstaan. Voorbeeld voor de straatverlichting waren overigens havenkranen. Ook de mozaïeken en pictogrammen op de hellingen van de heuveltjes verbeelden oude ornamenten van de Speicherstadt.

Pal naast de Terrassen bevindt zich de 55 meter hoge **Marco-Polo-Tower** 5 met de duurste woningen van de stad. De Hamburgers noemen het wooncomplex vanwege de vorm simpelweg *Döner*.

In het verlengde van de Marco-Polo-Terrassen is het nieuwe **Unilevergebouw** 6 te zien. De be-

Uitneembare kaart G/H 7/8 | **U-Bahn** U2 Meßberg, U3 Baumwall

INFO EN OPENINGSTIJDEN

Internationales Maritimes Museum 1, Kaispeicher B, Koreastr. 1, www.imm-hamburg.de, di.-zo. 10-18, do. tot 20 uur, volwassenen € 12,50, met korting € 9. Alles over de scheepvaart op negen verdiepingen.
Alle christelijke kerken hebben zich in de Hafencity verenigd tot **Ökumenisches Forum** 13, gevestigd in de Shanghaiallee 12-14 in een nieuw baksteengebouw met een interessante golvende gevel, www.oekumenisches-forum-hafencity.de, de kapel is de hele dag open.

ETEN EN DRINKEN

Thee en taart biedt **Meßmer Momentum** 1 (Am Kaiserkai 10, www.messmer.de/das-messmer-momentum, dag. 11-20 uur, museum: toegang gratis).
Naast enkele bakkerijcafés rondom de Magellan-Terrassen is het pal naast de Elbphilharmonie gelegen **Carls** 2 (Am Kaiserkai 69, www.carls-brasserie.de, dag. 12-23 uur, gerechten ca. € 20) een aanrader. Deze gezellige bistro biedt een prachtig uitzicht en bovendien kwaliteitskost.

nedenverdieping is gratis toegankelijk en leidt de bezoeker tot aan de kademuur van de Elbe. Het bouwwerk werd in 2009 tot 's werelds modernste kantoorgebouw uitgeroepen. De membraan rondom het bouwwerk beschermt tegen wind en zon. Behalve de kantoren zijn er in het ruime atrium onder andere Dove-Spa, het Langnese-Café en de Unilevershop gevestigd. Het ontwerp is van Behnisch Architekten, Stuttgart.

Bij de kademuur heb je een grandioos uitzicht op het terrein, links het **Hamburg Cruise Center** 7.

Hier leggen de grote cruiseschepen aan. Het bouwwerk is provisorisch, want er is een terminal voor cruiseschepen met hotel gepland. Rechts zie je op de punt van het Kaiserhöft het nieuwe symbool van de stad. De **Elbphilharmonie** 8 werd na een bouwtijd van bijna tien jaar eindelijk opgeleverd. Naast de muziekzaal herbergt het gebouw ook koopwoningen, een hotel en parkeerplaatsen. Aan de andere kant van de Elbe bevindt zich het Theater im Hafen.

Die Elbphilharmonie op de voormalige Kaispeicher A.

We gaan terug naar de Großer Grasbrook en langs het KMU-gebouw (vroeger SAP), het eerste bedrijfspand in de HafenCity, linksaf de straat Am Kaiserkai in. Op huisnummer 10 zit **Meßmer Momentum** 1, een paradijs voor theekenners met theesalon, museum, winkel en theecursussen.

Vanaf het terras zie je rechts langs de Dalmannkai de **Magellan-Terrassen**, die aan een amfitheater doen denken en voor grote evenementen worden gebruikt. Hier, in het oudste havenbekken van de stad (uit 1866), zal ook een museumhaven worden aangelegd. Dit is het eerste compleet opgeleverde gedeelte van de HafenCity; de acht gebouwen aan de overkant waren als eerste bewoond. De technische prestaties bij de realisatie van het project mogen er zijn. Alle gebouwen en straten rusten op kunstmatige verhogingen, circa 8 meter boven de waterspiegel, ter beveiliging tegen overstromingen. Daardoor hoefde het nieuwe stadsdeel niet te worden ingedijkt.

K KAARTJES

Eindelijk klaar, dus is de toeloop op de **Elbphilharmonie** enorm. Wie de felbegeerde kaartjes wil bemachtigen, moet vroegtijdig informatie inwinnen op www.elbphilharmonie.de.

We verlaten de Kaiserkai richting Magellan-Terrassen en komen bij het **InfoPavillon Elbphilharmonie** 9, een zwarte kubus van drie verdiepingen met aan de buitenkant twintig toetervormige luidsprekers die bijzondere klanken voortbrengen.

Achter het paviljoen kijk je recht op het **Sandtorpark** 10. Daar ontstaat nog een groenvoorziening in de wijk. De 5 meter hoge bronzen koffieboonsculptuur is een geslaagde verwijzing naar de historie van deze omgeving, want hier was al ruim een eeuw geleden het centrum van de Europese koffiehandel. Nu zijn er rondom het plein ondermeningen gevestigd, die ook met koffie te maken hebben. Het ronde gebouw op het plein, de Coffeeplaza, is ontworpen door de architect Richard Meier, wiens handelsmerk eigenlijk rechte hoeken zijn. Rechts naast de Tower

De grootste groenvoorziening in de HafenCity is het in 2016 geopende Lohsepark.

zie je de Katharinenschule met de kleurrijke omheining van balken op het dak. Deze dient als beveiliging van het schoolplein, dat zich op een flinke hoogte bevindt. Hier eindigt de rondwandeling. Met de bus, te voet of per U-Bahn (neem het station Überseequartier) ben je binnen luttele minuten op de Rathausmarkt.

OM DE HOEK

U kunt ook nog een bezoek brengen aan het **PROTOTYP-Automuseum** 11. Het stelt in de HafenCity exclusieve race- en sportwagens tentoon. In de ruim gesorteerde museumshop zijn boeken, dvd's, modellen en nog veel meer artikelen over het thema automobiel verkrijgbaar (Shanghaiallee 7, www.prototyp-hamburg.de, di.-zo. 10-18 uur, volwassenen € 8,50, kinderen € 3,50).

Via de Baakenhafenbrücke kom je terecht bij het **ViewPoint HafenCity** 12, Grandeswerderstraße, dag. 6-21 uur. Vanaf dit 13 meter hoge oranje bouwsel kun je de oceaanreuzen en actuele veranderingen aan de HafenCity goed te observeren; een oriëntatietableau is daarbij een handig hulpmiddel.

6

Prachtig uitzicht – **de Michel**

St. Michaelis, door iedereen in Hamburg liefdevol Michel genoemd, is het symbool van de stad. Het grootste sacrale barokbouwwerk van Noord-Duitsland biedt vanaf zijn toren een grandioos uitzicht op de stad. Langs Gruner + Jahr wandelen we naar de Portugese wijk.

De beroemdste en grootste kerk van de stad is de **St. Michaelis** 1, kortweg Michel genoemd. Het bekende en voor zeelieden van verre zichtbare symbool van Hamburg prijkt op talloze ansichtkaarten; het is dus geen wonder dat de kerk jaarlijks meer dan een miljoen bezoekers trekt. Hij is voor velen ook de mooiste barokkerk van Noord-Duitsland. Het sacrale bouwwerk stamt

Adembenemend uitzicht vanaf de Michel op Hamburg.

trouwens helemaal niet meer uit de baroktijd, maar werd rond de voorlaatste eeuwwisseling herbouwd. De huidige kerk is al het derde gebouw, dat pas in 2012 zijn honderdste verjaardag vierde. Oorspronkelijk werd de vijfde hoofdkerk van Hamburg in 1661 ingewijd; deze werd negentig jaar later door de bliksem getroffen en door brand verwoest. De tweede kerk kwam in 1762 gereed, maar in 1906 werd deze weer volledig in de as gelegd, toen er brand uitbrak bij reparatiewerkzaamheden aan de dakstoel. Nog in hetzelfde jaar werd met de wederopbouw van de Michel begonnen en de historische barokarchitectuur en stijlelementen werden volgens de oude bouwplannen gereconstrueerd. Ook nu nog is er altijd wat te doen aan het gebouw; er moeten geregeld reparatiewerkzaamheden worden verricht. Als laatste kreeg het schip een opknapbeurt.

Het wit met gouden interieur van de protestantse kerk heeft veel weg van een theater of concertzaal. Hier is dagelijks om 12 uur een korte kerkdienst en iedere dag blaast de torenwachter vijf minuten lang koralen. Deze traditie bestaat al meer dan tweehonderd jaar; een belevenis die je je niet mag laten ontgaan.

Drukbezocht is natuurlijk ook het 82 meter hoge uitkijkplatform op de toren, dat via trappen of comfortabel met een lift te bereiken is. Het uitzicht is de klim meer dan waard. Bij mooi weer heb je hier een prachtig uitzicht over de daken van de stad.

Portugal in Hamburg

We laten de St. Michaelis achter ons en wandelen richting haven langs de Schaarmarkt. Links is het moderne gebouw van de uitgeverij Gruner + Jahr te zien. Hier worden bekende bladen zoals de *Stern* en de tijdschriften uit de Geofamilie geproduceerd. Maar wij gaan rechtsaf de **Ditmar-Koel-Straße** 2 in, de hoofdstraat van de Portugese wijk, die de afgelopen 25 jaar tussen de Michel en de Landungsbrücken is ontstaan.

De buurt rondom de Rambach- en Reimarusstraße leeft van de vele winkeltjes, bistro's, cafés en *tascas,* die voor een zuidelijke sfeer zorgen. Plaatselijke bekendheid vanwege zijn maritieme en regionale Portugese specialiteiten geniet het

St. Michaelis, de Michel.

K
KLOK

De **torenklok** tikt met behulp van moderne techniek: hij werd in 1911 ingebouwd, wordt sinds 1964 elektrisch aangedreven en is sinds1994 bovendien zendergestuurd.
En zoals het bij een dergelijk representatief gebouw hoort, werd ook op het materiaal niet bezuinigd: de uurwijzer meet maar liefst 3,60 m en de minutenwijzer zelfs 4,91 m.

Iberische sfeer in de Portugese wijk.

altijd drukbezochte **Restaurante Porto** ❶, dat sinds 1984 bestaat. Door het succes ervan is er in de directe nabijheid nog een flink aantal eetgelegenheden bijgekomen, waarvan de eigenaren bijna allemaal afkomstig zijn van het Iberisch schiereiland. Bij de Landungsbrücken aangekomen, kunnen we eigenlijk meteen doorgaan met de volgende rondleiding.

→ OM DE HOEK

Krap wonen in lang vervlogen dagen: een **Krameramtswohnung** 3 is als museum ingericht en daar wordt duidelijk gemaakt hoe de mensen in de 17e eeuw in deze vakwerkhuizen hebben gewoond. Dependance van het Museum für Hamburgische Geschichte: Krayenkamp 10, www.kramerwitwenwohnung.de, apr.-nov. di.-zo. 10-17 uur, in de winter gesloten, volwassenen € 2,50, met korting € 1,70.

INFO EN OPENINGSTIJDEN

St. Michaelis (Michel) 1: www.st-michaelis.de, nov.-apr. dag. 10-18, mei-okt. 9-20 uur, € 5, met korting € 4. torenconcert ma.-za. 10 en 21 uur; zo. 12 uur; orgelconcert dag. 12 uur.

ETEN EN DRINKEN

De klassieker in de Portugese wijk is **Porto** ❶ (Ditmar-Koel-Str. 15, www.restaurante-porto.de, dag. 11.30-24 uur, hoofdgerechten ca. € 18). Op het menu staan meer dan zestig regionale gerechten. In de **Krameramtsstuben** ❷ kun je in een historische omgeving eten. Hier komt onvervalste Noord-Duitse kost op tafel (Krayenkamp 10, www.krameramtsstuben.de, dag. 12-24 uur, hoofdgerechten ca. € 18). In de **Old Commercial Room** ❸ (Englische Planke 10, www.oldcommercialroom.de, dag. 12-24 uur, hoofdgerechten ca. € 18) kunnen visliefhebbers hun hart ophalen. Ook altijd uitstekende labskaus.

Uitneembare kaart F 7 | **S-Bahn** S1, S3 Stadthausbrücke

Poort naar de grote wijde wereld – **Landungsbrücken**

7

Vroeger hadden de bekende scheepvaartmaatschappijen hier hun passagiersterminal. Het grote gebouw werd medio jaren 1950 herbouwd, want het uitgestrekte complex werd in de oorlog vrijwel volledig verwoest. Tegenwoordig doen de Landungsbrücken dienst als aanlegplaatsen voor de veerboten en HADAG-boten. Gedurende de Hafengeburtstag is hier echter nog steeds de grote wijde wereld te bespeuren.

Al vanaf de U- en S-Bahnstations Landungsbrücken heb je de voormalige poort van Hamburg naar de rest van de wereld recht voor je in het vizier. De aanblik van de **Landungsbrücken** 1

Daar komt verlangen naar verre streken op: Landungsbrücken en Alter Elbtunnel.

O OVERIGENS

De **haven van Hamburg** kan terugblikken op een lange geschiedenis: in 1189 verleende keizer Frederik Barbarossa de Hamburgers een vrijbrief, die schepen op de Elbe tot aan de Noordzee vrijheid van tol garandeerde. Dat moet natuurlijk gevierd worden: sinds het einde van de jaren 1970 verzamelen zich jaarlijks meer dan een miljoen bezoekers voor de Hafengeburtstag (verjaardag van de haven). Actuele informatie vind je op www.hamburg.de/hafengeburtstag.

Het boegbeeld van de Rickmer Rickmers heeft al heel wat gezien. Voorbeeld van de kleine jongen in matrozenpak is overigens Rickmer, de driejarige kleinzoon van de oprichter van de Rickmers-Reederei.

met de oude Elbetunnel is een bekend beeld. In nieuwsuitzendingen dient een foto van dit panorama dikwijls als achtergrond, zodra er iets over Hamburg te melden is. Sinds 1839 bevinden zich hier de aanlegsteigers, die oorspronkelijk voor de stoomschepen werden gebouwd. Deze vormden voor de oude haven een risico vanwege brandgevaar. Daarom werd ver buiten het havengebied naar een oplossing gezocht. Het huidige complex ontstond tussen 1907 en 1909 naar een ontwerp van Raabe & Wohlecke. Toentertijd werden de Landungsbrücken in een verkeersknooppunt op het water, in een onvervalste passagiersterminal, herschapen. Van toen af aan legden hier niet alleen vrachtschepen en veerboten aan, maar ook de snel groeiende scheepvaart naar badplaatsen en de grote vaart maakten gebruik van het langgerekte havengebouw. De pontons, die verbonden zijn met de beweegbare bruggen, dalen en stijgen met eb en vloed en bewegen dus mee met de aanmerende schepen. Het gebouw getuigt ook nu nog van maritieme traditie, want hier, in de klokkentoren aan het oostelijke uiteinde van het gebouw, wordt nog steeds elk halfuur de scheepsbel geluid en tot op grote afstand zichtbaar het waterpeil van de Elbe aangegeven. In de Tweede Wereldoorlog werd het complex zwaar beschadigd en tussen 1953 en 1955 als bijna 700 meter lange betonconstructie herbouwd.

Tegenwoordig vertrekken hier geen oceaanstomers meer. Dat gebeurt in het nieuwe Hamburg Cruise Center in de HafenCity. Toch heerst aan de Landungsbrücken nog steeds veel bedrijvigheid; de barkassen voor de havenrondvaart vertrekken hier, evenals de schepen naar Helgoland en ook de Elbeveren leggen hier aan.

Hoezo afgetakeld? – Rickmer Rickmers

Aan het oostelijke uiteinde van de pontons ligt het in 1896 gebouwde beroemde zeilschip **Rickmer Rickmers** 2. De romp is 97 meter lang en 12,20 meter breed. Het schip kent een heel bewogen geschiedenis. Voordat het in 1987 voorgoed aanmeerde aan de Landungsbrücken, zeilde het onder Portugese vlag, ook onder de naam Sagres. Vervolgens werd het uit de vaart

INFO EN OPENINGSTIJDEN

Rickmer Rickmers 2: Landungsbrücken Ponton 1a, www.rickmer-rickmers.de, museum dag. 10-18 uur, volwassenen € 5. Aan boord van het museumschip bevindt zich een restaurant. Eveneens te bezichtigen is het vrachtschip **Cap San Diego** 4: Überseebrücke, www.capsandiego.de, dag. 10-18 uur, volwassenen € 7, met korting € 4.

ETEN EN DRINKEN

Aan de Landungsbrücken verkopen diverse **tentjes** en **snackbars** onder andere visbroodjes en curryworsten voor de kleine honger.

Uitneembare kaart F 7 | **U/S-Bahn** Landungsbrücken

genomen en onttuigd. Dankzij royale giften kon het zeilschip naar Hamburg worden gesleept en op 7 mei 1983 ter gelegenheid van de Hafengeburtstag plechtig aan de vereniging *Windjammer für Hamburg* worden overgedragen. Daarna werd het schip in vier jaar tijd schitterend gerestaureerd met als doel het als museumschip te behouden.

Onder de Elbe door

In westelijke richting zie je het grijze gebouw met de groene dakkoepel. Hier bevindt zich de **Alter Elbtunnel** 3. Tijdens de aanleg in 1911 werd het bouwwerk als technisch meesterwerk bestempeld. Het was inderdaad een kunststukje om de 426 meter lange en 6 meter brede buis 24 meter onder de Elbe op zijn plaats te krijgen. De tunnel was destijds pure noodzaak geworden, omdat aan de overkant het havenbedrijf bloeide. Via deze nieuwe onderdoorgang konden de werklieden en voertuigen daar snel en gemakkelijk komen.

De tunnel ondergaat momenteel een uitgebreide opknapbeurt. Auto's kunnen ma.-vr. van 8-13 uur (richting Steinwerder) en 13-18 uur (richting St. Pauli) gebruikmaken van de weg onder de rivier; voor voetgangers is de tunnel doorlopend toegankelijk.

O OVERIGENS

Van hier tot aan de navigatieboei in de Noordzee (Elbemonding) is het bijna 150 kilometer. Daar gaan de **Elbeloodsen** aan/van boord van de grote schepen. Aan de Bubendey-oever nemen de havenloodsen het over. Loodsplicht geldt voor alle schepen die langer dan 90 meter en breder dan 13 meter zijn en voor alle tankschepen.

#8

Instappen en achteroverleunen – **Havenrondvaart**

Hamburg bekijken vanaf het water is een bijzondere ervaring: of het nu gaat om een klassieke havenrondvaart of een goedkoop tochtje met de veerboot van de Landungsbrücken naar Finkenwerder en terug.

'Eine Seefahrt, die ist lustig, eine Seefahrt, die ist schön, denn da kann man fremde Länder en noch manches andre sehn', aldus het refrein van een oud volksliedje. Verre landen krijg je tijdens een havenrondvaart weliswaar niet te zien, maar wel de grote schepen die daar vandaan komen. En plezierig is de tocht zeker dankzij het commentaar van de schipper. De afvaart is bij de **Landungsbrücken** 1, waar diverse maatschappijen havenrondvaarten aanbieden. Er zijn verschillende mogelijkheden: de klassieke rondvaart op barkassen, de grote havenrondvaart of de tocht

Geen filmdecor, maar werkelijkheid: als reusachtige stalen dinosaurussen steken de containerbruggen in de Hamburgse haven in de lucht.

naar de Speicherstadt en de Hamburgse haven in de avonduren.

Ik kies de klassieker bij Kapitän Prüsse bij de Pontonbrücke 3a, pal naast de klokkentoren. De tocht duurt ongeveer een uur en gaat voor een deel door de Speicherstadt, langs de HafenCity naar de Steinwerder Hafen, dan door het Querkanal Reiherstieg, de Ellerholzschleuse en terug langs het droogdok van Blohm & Voss. Wie aan deze excursie deelneemt, krijgt een goede indruk van de omvang van de haven, die zich uitstrekt over een oppervlakte van circa 72 km^2 en dichtbebouwd is.

D
DÖNTJES

Döntjes zijn bij een havenrondvaart inbegrepen: goed bedoelde praatjes en verhalen in Hamburgse stijl. De wetenswaardigheden en anekdotes van de schipper zijn vaak leerzaam en altijd vermakelijk.

Allemaal aan boord

We steken van wal op een vijftig jaar oude barkas richting Speicherstadt. Langs de museumschepen **Rickmer Rickmers** en de **Cap San Diego**, waarvan het laatste door zijn elegante lijn ook wel *Schwan der Weltmeere* (Zwaan van de Wereldzeeën) werd genoemd. Verder zien we het **lichtschip** (▶ blz. 87) en het moderne gebouw van de uitgeverij Gruner + Jahr. We bereiken de Magdeburger Hafen, het oudste deel, dat hier ruim achthonderd jaar geleden is ontstaan. We varen de **Speicherstadt-Fleet** 2 in naar Kehrwieder. We zien de oude pakhuizen, die nu Miniatur Wunderland, de Hamburg Dungeon en de Hamburg Port Authority (havendienst) huisvesten. Vandaag kunnen we niet verder de grachten in, omdat de waterstand te laag is; Hamburg heeft immers een getijdehaven met eb en vloed. Wie het interessante ommetje door de Speicherstadt wil maken, kan het beste van tevoren bij de rederij informeren, wanneer dat mogelijk is. We verlaten de Magdeburger Hafen, bereiken de **Norderelbe** 3 en varen langs **HafenCity** 4 met de Elbphilharmonie op de punt van het Kaiserhöft.

Deze tocht op zee schijnt echt leuk te zijn.

Hamburgs nieuwe symbool maakt indruk met zijn optische aanwezigheid. Op de tegenoverliggende Elbeoever is de tent te zien van de musical *Lion King*. De golfslag wordt sterker, voor ons ligt het oostelijke deel van de haven, **Steinwerder** 5 en **Kleiner Grasbrook** 6. Gedurende 363 dagen per jaar wordt hier gewerkt; alleen op eerste kerstdag en nieuwjaarsdag wordt gepauzeerd. De tocht gaat verder de **Hansahafen** 7 in, waar in 2010 1,6 miljoen auto's werden verscheept.

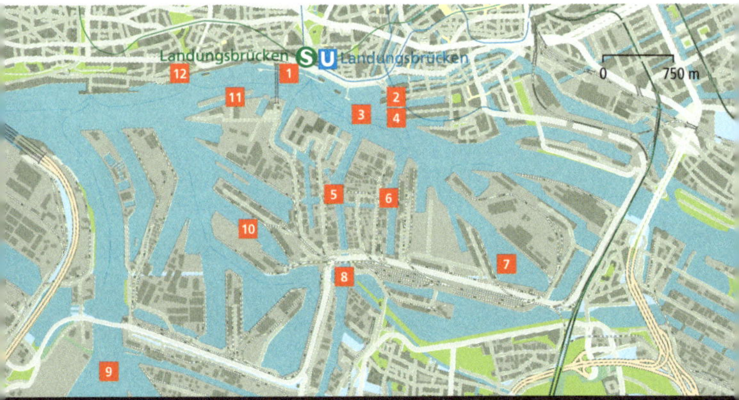

Uitneembare kaart E/F 7/8 | **U/S-Bahn** Landungsbrücken

INFO EN OPENINGSTIJDEN

Kapitän Prüsse: St. Pauli Landungsbrücken, Brücke 3A, www.hafenrundfahrt-classic.de, dag. 9-18 uur, volwassenen € 18, kinderen € 9.

ETEN EN DRINKEN

Aan de Landungsbrücken verkopen **kiosken** en **Imbissbuden** snacks; drank kun je op de schepen kopen.

Een groot deel daarvan was bestemd voor derdewereldlanden. We varen de **Reiherstieg** 8 in. Hier verrezen omstreeks 1840 de eerste werven. Ook werden daar de eerste drijvende en droogdokken op het grondgebied van Hamburg gebouwd. De gekanaliseerde Elbearm verbindt de haven met de **Süderelbe** 9 en Norderelbe. We varen langs werven en de Shellraffinaderij tot aan de Ellerholzschleuse, een sluis die in 1906 in gebruik werd genomen. Na een wachttijd van enkele minuten gaat de sluisdeur achter ons dicht, de voorste gaat open en de tocht wordt voortgezet. In dit gebied wordt de komende jaren de nieuwe containerhaven aangelegd, de Central Terminal Steinwerder (CTS).

Langs de **Kaiser Wilhelm Hafen** 10, die begin vorige eeuw de haven voor landverhuizers naar de Nieuwe Wereld was, varen we weer de Elbe op. We passeren de **dokken van Blohm + Voss** 11. Op de werf worden cruiseschepen, jachten voor Russische oligarchen en marineschepen gebouwd en onderhouden. Tegenover dok 10 herkennen we de **Fischmarkt** 12 en de Alte Fischauktionshalle (visafslag). En dan keren we alweer terug naar de aanlegplaats – een uur op het water kan vermakelijk zijn.

O
OVERIGENS

De HafenCity RiverBus biedt een stadsexcursie aan land en in het water in een en hetzelfde voertuig. Het **amfibievoertuig** is boot en touringcar tegelijk. Kent men eigenlijk alleen maar uit James Bondfilms (hafencityriverbus.de).

Spektakel, rommel en bananen – **Fischmarkt**

9

Vroege opstaanders opgelet: elke zondag wordt de legendarische Fischmarkt met kramen in de openlucht gehouden. Ongeacht de weersomstandigheden wordt er gehandeld dat het een lieve lust is. Kamerplanten, mobieltjes, paling, kleine dieren en bananen – de marktkooplui brengen zo ongeveer alles aan de man.

De **Fischmarkt** 1 heeft een lange traditie, die teruggaat tot 1703. In dat jaar gaf de magistraat van Altona de vissers toestemming om hun vangst voortaan ook op zondag te verkopen, 'tot de bel om half tien luidt'. Om 5 uur 's ochtends begint de markt, in de wintermaanden iets later, om 7 uur. Het gebied rondom de oude Fischauktionshalle (visafslag) trekt bij goed weer elke zondag duizenden mensen, die het spektakel willen

Druilerig weer of niet: eerst even een Fischbrötchen eten!

bijwonen. Een bonte mengeling van toeristen, nachtbrakers en inwoners van de stad verzamelt zich hier in de vroege morgenuren om op koopjes te jagen of om zich gewoon goed te vermaken.

Behalve vis worden op de markt tegenwoordig fruit, groente, bloemen en rommelmarktspullen aan de man gebracht. Een belangrijke rol daarbij speelt het acteertalent van de verkopers, en dat kent geen grenzen: Aale-Dieter, Bananen-Fred, Wurst-Willy en collega's zijn hier de sterren. Op een unieke manier maken ze het publiek wijs dat de koopwaar nagenoeg gratis is. Zo loopt menigeen met een fraaie plant onder de arm, die hij of zij eigenlijk helemaal niet wilde hebben. Maar waar het natuurlijk om gaat is dat je erbij bent. Rond 9.30 uur is het afgelopen, de traditionelle gongslag weerklinkt, de hymne van Hamburg *Hammonia* wordt gespeeld en het is gedaan met de handel. Maar het is een troost dat het schouwspel zich gegarandeerd de volgende zondag herhaalt.

O
OVERIGENS

De late herfst en de winter vormen de klassieke **stormdepressietijd.** Voor het laatst liet orkaandepressie 'Marita' in de winter van 2016 zijn sporen na: honderdduizenden kubieke meters water worden dan richting Hamburg gestuwd. Dikwijls rukt in deze tijd de brandweer uit om voertuigen weg te slepen en andere sporen van verwoesting op te ruimen.

Paling, paling, paling – de Fischauktionshalle

De oorspronkelijke St. Pauli Fischauktionshalle (visafslag) bestaat niet meer; die stond hier vroeger vlakbij tegenover het restaurant Fischerhaus. De mooie hal, die op de markt te zien is, is de

Vis koopt men tegenwoordig elders: livemuziek op zondagmorgen in de Fischauktionshalle in Altona.

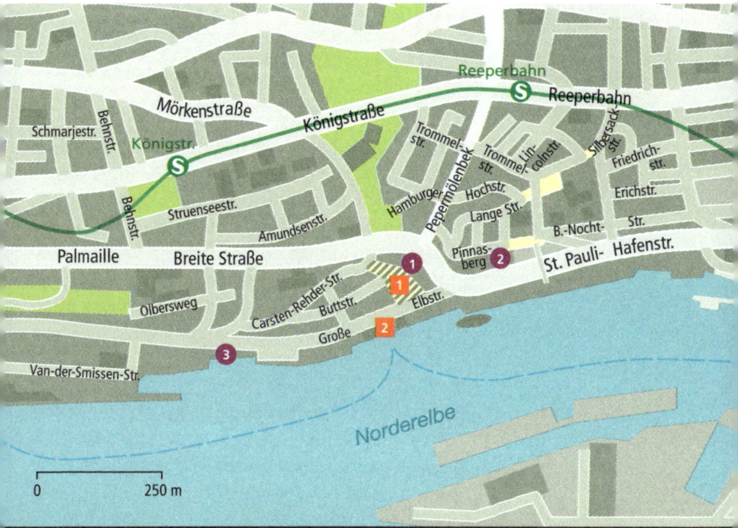

Uitneembare kaart D/E 7 | **S-Bahn** S1 Reeperbahn

ETEN EN DRINKEN

Op de Fischmarkt krijg je natuurlijk trek in specialiteiten uit de zee. Dagelijks verse waar komt in de **Alt Helgoländer Fischerstube** 1 op tafel (Fischmarkt 4, www.fischmarkt4.de, dag. 12-24 uur, hoofdgerecht ca. € 19). Iets rustieker is het **Fischerhaus** 2 Hier worden flinke porties voor een schappelijke prijs bereid (Fischmarkt 14, www.restaurant-fischer-haus.de, dag. 11.30-24 uur, hoofdgerecht ca. € 16). Eveneens bekend is de **Hai-fisch-Bar** 3 (Große Elbstr. 128, www.haifischbar.net, ma.-vr. 11-4 uur, za.-zo. doorlopend geopend, visschotel € 16,80).

Altonaer Halle 2. Tot 1933 stonden hier namelijk de beide aan elkaar grenzende vismarkten van Hamburg en Altona. Die van Altona had het voordeel van een directe spooraansluiting; wat uiteraard ook gunstig was voor de handel met verse koopwaar. In 1934 werden de twee markten samengevoegd en in 1938 werd het tot dan toe zelfstandige Altona door Hamburg geannexeerd.

De Fischauktionshalle werd in 1896 gebouwd. Het is een industrieel monument van baksteen en heeft een staalconstructie en een grote koepel. Het bouwwerk heeft hier op de markt zijn functie als opslagplaats van vis en andere zeedieren al lang geleden verloren. Tegenwoordig wordt het gerestaureerde gebouw voornamelijk voor evenementen gebruikt.

10

Strangers in the Night – **Reeperbahn**

'Auf der Reeperbahn nachts um halb eins, ob du'n Mädel hast oder hast keins ...', met deze regel bracht de beroemde acteur Hans Albers een muzikale ode aan deze uitgaansstraat. En hij had gelijk, want laat op de avond en in het weekend is er op de Reeperbahn veel te beleven. Er zitten talloze populaire muziekclubs en cafés. En het mooiste uitzicht op de haven biedt de bar van 20up, de hoogste nieuwbouw van St. Pauli.

Plaats delict **Spielbudenplatz** 1: De Tanzende Türme (Dansende Torens) verdelen de Hamburgers in twee kampen: de ene partij vindt het moderne ontwerp (Architekturbüro BRT) prachtig en een potentieel nieuw symbool van de stad, de andere ziet in de torens een volgend symbool van de gentrificatie van de rosse buurt. Onbetwistbaar vind je hier op de 23e en 24e verdieping het hoogstgelegen restaurant repectievelijk bar van Hamburg, Clouds. Het uitzicht is fantastisch en de prijzen zijn behoorlijk pittig.

De Spielbudenplatz is een populair trefpunt op de Reeperbahn.

Op de begane grond van het gebouw bevinden zich de lokale zender Radio Reeperbahn en de Mojo Club, die ver buiten Hamburg bekend is.

Pal hiernaast in het **Stage Operettenhaus** 1 (▶ blz. 107), worden musicals uitgevoerd. Momenteel wordt hier *Hinterm Horizont* gespeeld, een musical met de hits van Udo Lindenberg. Langs de livemuziekclub Docks en de twee Schmidt-Theaters lopen we recht op Angie's Nightclub af. Ook onder Angies opvolgster blijft de club een klassieker van de livemuziek en discoscene van de Reeperbahn. Daarnaast bevindt zich de **Davidwache** 2, een politiebureau dat een rol speelt in tal van Duitse films. De politieagenten zijn er al aan gewend dat mensen die die films kennen, hier graag een kijkje willen nemen. We steken de Reeperbahn over en gaan rechtsaf de Hamburger Berg in.

In de zijstraten van de uitgaansstraat

Wat de *Berg* en heel St. Pauli zo levendig maakt, is het publiek van allerlei pluimage, zoals rechtenstudenten, punkers, IT'ers en artistieke types. Komend vanaf de Reeperbahn kun je het beste eerst een kant van deze korte straat verkennen en vervolgens via de andere kant weer terugwandelen: natuurlijk steeds van de ene bar naar de andere! De tocht gaat verder, de Talstraße in, ook zo'n klein uitgaansstraatje. Via de Schmuckstraße – tot in de jaren 1930 het centrum van Chinatown – belanden we in de Große Freiheit, naast de Reeperbahn de bekendste uitgaansstraat van St. Pauli.

Vroeger waren hier non-stop liveseksshows. Tegenwoordig dansen in het Dollhouse getrainde lijven op de bar, op dancetables en in kooien. Om even af te koelen kun je aan de overkant een drankje nemen bij Dollhouse-Diner. Verbluffend vrouwelijk ogende travestieten wachten in de Monica-Bar op mannelijk gezelschap. In de Große Freiheit op nummer 36 treden in het weekend soms bands op en de disco in de Kaiserkeller barst na middernacht uit zijn voegen. Ook de legendarische muziekclub Grünspan zit niet ver hiervandaan. In het laserlicht worden allerlei soorten muziek geboden, van rock tot house.

Richting Reeperbahn belanden we aan het einde van de Große Freiheit op de **Beatles-Platz** 3,

O
OVERIGENS

Het oudste beroep ter wereld schijnt ook het meeste op te brengen: in het bankfiliaal van de Hamburger Sparkasse Reeperbahn/hoek Hein-Hoyer-Straße bevindt zich de geldautomaat met de grootste omzet van Duitsland: elke maand tweecijferige miljoenenbedragen, een absoluut record!

St. Pauli bij nacht.

T TATTOO

De eerste **Tattoo Studio** van Duitsland werd in 1946 in de Hamburger Berg in St. Pauli geopend. De eerste klanten waren natuurlijk – niet altijd vrijwillig – zeelieden. Meer interessante info: www.die-aelteste.de.

die op initiatief van de plaatselijke radiozender Oldie 95 in het leven werd geroepen. Het plein heeft een diameter van 29 meter. Het zwarte plaveisel doet denken aan een vinylplaat. Aan de rand van het plein staan beelden van de muzikanten, die aan hun grote beginsuccessen in de stad herinneren.

Pulverfass, Ritze en casino

Terug naar de Reeperbahn. Op nr. 147 is het legendarische **Pulverfass** 2 gevestigd. De unieke travestieshow vindt driemaal per avond plaats. De route voert langs het Eros-Center, waar de

UITGAAN

Pulverfass 2: Reeperbahn 147, Shows om 20.30, 23.30 en 2.30 uur.

Ritze 3: Reeperbahn 140, ma.-do., zo. 17-2, vr., za. 17-8 uur.

Hamburger Berg 5

Ex Sparr, nr. 4, www.ex-sparr.de. Altijd tjokvol. Doorlopend dansmuziek en nauwelijks ruimte om te dansen.

Barbarabar, nr. 11, www.barbarabar.de, dag. vanaf 20 uur. Geweldige sfeer, een klassieker. Op doordeweekse dagen zijn er hoorspelavonden (di.) en tafelvoetbaltoernooien (wo.).

Blauer Peter 4, nr. 19. Eveneens een café met een lange traditie, dat ondertussen van eigenaar is veranderd. Nieuwe inrichting, nieuwe prijzen, minder zeemanssfeer.

Schlemmer-Eck, nr. 27. Ideaal voor een bierpauze. De oer-Hamburger Herbert regeert hier met harde hand, maar is altijd eerlijk en fair – wat ook dronken gasten weten te waarderen. Overdag worden hier eenvoudige maaltijden geserveerd, maar in het weekend kan het er wild aan toegaan. 's Avonds hoofdzakelijk jong publiek.

Nachtlager, nr. 29, www.nachtlager.net. Meestal rock, poprock of indie. Wie vroeg komt, heeft nog plek om te dansen, maar later wordt het gewoon meedeinen met de bewegingen van de buurman. Hier wordt geen Astra (bier) verkocht, wat best bijzonder is in de hoerenbuurt. Daarvoor in de plaats verkopen ze *Flens* (Flensburger met beugelsluiting: heel handig, wanneer je met de fles in de hand wilt dansen).

Talstraße 6

Wunderbar, nr. 14, www.wunderbar-hamburg.de, dag. vanaf 22 uur. De Eurovision Song Contest Party is een jaarlijks hoogtepunt in de drukbezochte homobar. In 2009 werd de Wunderbar door het Hamburgse homoblad *Hinnerk* onderscheiden met de *goldener Hinnerk* voor de beste locatie.

Deniz Imbiss, nr. 27. Laat de tweederangs eetgelegenheden op de Reeperbahn links liggen en maak liever de korte omweg hiernaartoe. Hier wordt het deeg voor het Turkse brood nog altijd vers gekneed met sterke handen. De pide zijn legendarisch.

Kuchnia, nr. 87, www.kuchnia-wodkabar.de, ma.-vr. vanaf 17, za., zo. vanaf 16 uur. Restaurant met een Oost-Europese keuken. Smakelijke, eenvoudige gerechten, modern gepresenteerd. Er zijn ook heerlijke cocktails met fascinerende toevoegingen.

Hans-Albers-Platz 7

Hans-Albers-Eck, nr. 20, www.hans-albers-eck.de, do.-za. en voor feestdagen vanaf 21 uur. Klassieker met maritieme inrichting aan de Hans-Albers-Platz. Op twee niveaus wordt hier gefeest. 's Zomers is de biertuin met buitenbar een aanrader.

meisjes in het souterrain op klandizie wachten. Iets verderop zit de legendarische **Ritze** 3 met het opvallende schilderij van Erwin Ross bij de ingang. De in 2010 overleden kunstenaar werd ook wel de Rubens van de Reeperbahn genoemd. Zijn pin-ups in diverse horecagelegenheden in de rosse buurt van Hamburg hebben hem beroemd gemaakt. Op de bovenverdieping van het café wordt porno vertoond en in de kelder wordt gebokst. In het **Kasino Reeperbahn** 4, omgeven door porno- en seksshops, kun je aan meer dan honderd automaten je geluk beproeven. We steken de straat over, richting Schuh-Messmer, de

Hier wordt aan illusies gewerkt. Backstage in het Pulverfass.

La Paloma, Friedrichstr. 11, www.la-paloma-hh.de, di.-zo. vanaf 19 uur. In het weekend zit de zaak tjokvol. De beroemde kroeg was ooit eigendom van de schilder Jörg Immendorf, die ook de sculptuur van *Blonder Hans* (Hans Albers) hier op het plein heeft gemaakt. Bij **Molly Malone**, nr. 14, www.molly-malone-hh.de, di.-za. en voor feestdagen vanaf 20 uur, heerst een vrolijke stemming. In de Ierse pub wordt geregeld livemuziek geboden.

Grote show met de Queen of Burlesque biedt **Queen Calavera** 8: Gerhardstr. 7, shows do.-za. vanaf 21 uur.

St. Pauli van boven

In het **Empire Riverside Hotel** 9 bevindt zich op de bovenste verdieping de 20up Bar. Op 90 meter hoogte heb je een onvergetelijk uitzicht op de Elbe en de haven. Sportief-elegante avondkledij gewenst (Bernhard-Nocht-Str. 97, www.empire-riverside.de, zo.-do. 18-2, vr., za. 18-3 uur).

Uitneembare kaart E 7 | **U-Bahn** U3 St. Pauli, **S-Bahn**: S1 Reeperbahn

oudste schoenenzaak van Hamburg. De *Sex and the City*-sterren zouden hier hun hart kunnen ophalen: hoge hakken zo ver het oog reikt.

O
NOCH WAS

De traditionele uitgaansgelegenheden op de Reeperbahn en in de zijstraten zijn gelukkig nog niet verdwenen. Bij deze tenten horen echter ook speciale **gedragsregels**, die nageleefd moeten worden om onaangename verrassingen te voorkomen: nooit iets bestellen zonder van tevoren naar de prijs te informeren. Als je je drankje hebt gekregen, meteen contant betalen. Nooit al je geld laten zien. En nooit champagne of sekt bestellen – de prijs daarvoor kan astronomisch hoog zijn! Wie daarop let, kan iedere gelegenheid in de rosse buurt zonder voorbehoud bezoeken. Uitzondering: de Herbertstraße is verboden terrein voor vrouwen.

Van de Davidstraße naar de Hans-Albers-Platz

We gaan rechtsaf de Davidstraße in. Daar staan vanaf 20 uur de prostituées voor cafés en table-dance-bars. De ongeveer 60 meter korte **Herbertstraße** 4, die hiervan aftakt, is uitsluitend aan mannen voorbehouden. Vrouwen hebben hier geen toegang. Het wereldberoemde straatje werd omstreeks 1900 door de gemeente als gesloten wooncomplex voor de prostituées ingericht. De zichtschermen aan beide uiteinden zijn overigens pas in 1933 aangebracht. Onder de nazi's was prostitutie verboden, maar wat men in het voorbijgaan niet kon zien, bestond gewoon ook niet. Vanaf de Davidstraße slaan we rechtsaf, de Erichstraße in. Hier bevinden zich, afgeschermd van nieuwsgierige blikken, de sm-clubs en de Boutique De Sade.

Via de Friedrichstraße lopen we recht op de **Hans-Albers-Platz** 7 af. Daar is in het weekend in de trendy bars veel leven in de brouwerij. Bij La Paloma kan een schnaps rond middernacht vanwege de drukte alleen nog staand voor de deur naar binnen worden gekiept. Ook in de andere cafés eromheen gaat het er rond deze tijd niet veel anders aan toe. Vlak bij het plein zit nog **Queen Calavera** 8, waar burleske shows worden opgevoerd. Dita Von Teese heeft de bijna in vergetelheid geraakte stijlvolle en humoristische striptease weer populair gemaakt. De beroemde *Queen of Burlesque* is hier niet van de partij, maar haar collega's zoals Golden Treasure, Leolilly, Koko la Douce of Eden zetten hun beste beentje voor en baden ook wel eens in een bovenmaats champagneglas.

OM DE HOEK

Het **Panoptikum** 5 bevindt zich al meer dan 100 jaar op de Spielbudenplatz. De bedrieglijke gelijkenis met beroemdheden als Genscher, Gorbatsjov, Udo Lindenberg en The Beatles verbluft iedere bezoeker (www.panoptikum.de, ma.-vr. 11-21, za. 11-24, zo. 10-21 uur, € 6, met korting € 5,50).

 # 11

Vintage en design – **het Karoviertel**

De Marktstraße midden in het Karoviertel is het modemekka voor iedereen die van jonge, extravagante mode houdt. Veel tweedehandskleding is onder andere te vinden op de vlooienmarkt bij de oude Rinderschlachthalle, die hier elke zaterdag wordt gehouden – sowieso een van de interessantste vlooienmarkten. Het loont de moeite om er vroeg naartoe te gaan.

Het Karolinenviertel, kortweg Karoviertel genoemd, ligt in het gebied rondom het voormalige abattoir. De officieuze hoofdstraat van de wijk is de **Marktstraße**, bekend vanwege de kleine aparte winkels.

In plaats van massaconfectie wordt hier tweedehandsmode en interessante kleding van de

Het Karoviertel: creatief en multiculti.

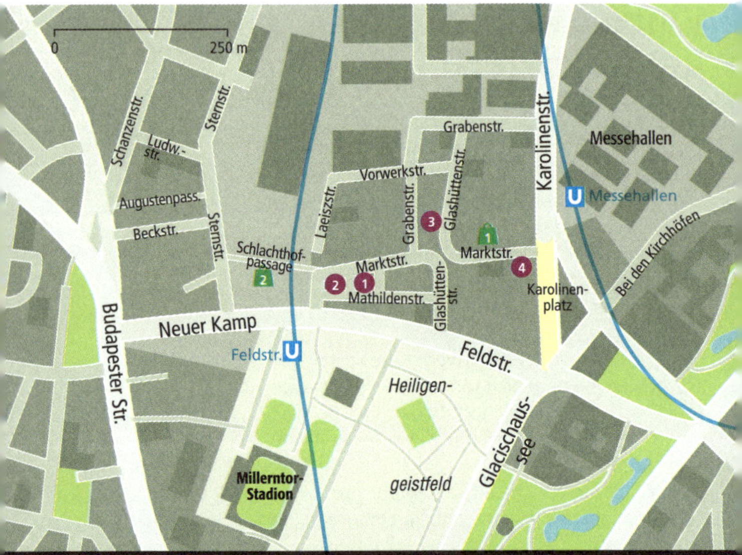

Uitneembare kaart F 6 | **U-Bahn** U2 Messehallen, U3 Feldstraße

ETEN EN DRINKEN

In de Marktstraße zijn de prijzen in de horecagelegenheden over het algemeen billijk.

Pal naast de **Yoko Mono Café Bar** 1 (Marktstr. 41, www.yokomono.de, dag. vanaf 10 uur) biedt zich voor het ontbijt of snacks – ook veganistisch en vegetarisch – **Mangold** 2 aan (Ölmühle 30, www.mangold-hamburg.de, ma.-vr. vanaf 12, za., zo. vanaf 10 uur). Rapper Samy Deluxe exploiteert om de hoek **Gefundenes Fressen** 3: vlees van de gril, koffie en taart (Marktstr. 130, www.gefundenesfressen.de, di.-vr. vanaf 11.30, ma. vanaf 18, za. vanaf 13 uur). Typisch Italiaans gaat het toe bij **Trattoria Cento Lire** 4 (Karolinenstr. 12/hoek Marktstr., www.trattoriacentolire.de, ma.-vr. 12-15.30 en 18-23, za. 12-23 uur). Met 100 lire kom je nu niet ver meer, maar aangenaam is het restaurant wel.

hand van jonge Hamburgse ontwerpers – die vaak ook op bestelling werken – aangeboden. De meeste kledingstukken en accessoires zijn weliswaar niet zo goedkoop als bij Zara of H & M, maar het produceren van beperkte aantallen of unieke kledingstukken is duur, en kwaliteit heeft nu eenmaal haar prijs. Behalve kleding zijn er in de winkels woonartikelen en curiosa te koop en de horecagelegenheden verleiden tot korte tussenstops. In de Marktstraße luidt iedereen sowieso de dag rustig in – eerst koffie met een croissantje, want de meeste winkels gaan toch niet niet voor 11 uur open.

Op en neer door de Marktstraße

Via de Karolinenplatz belanden we in het alternative modemekka. Aan weerskanten van de straat zitten plenty interessante winkels. Ik beperk me hier tot een paar. We beginnen aan de rechterkant. De **Goldmarie Shop** (nr. 145) verkoopt aparte streetwear en accessoires zoals tassen, riemen en sjaals. Ook basics voor mannen evenals babycollecties van Goldmarie en St. Pauli. In hetzelfde gebouw biedt **Boombox** mode in dezelfde stijl voor hem en haar.

Lekker ontbijten bij Gretchens Villa – zo fijn kan de dag beginnen.

Voor wie nu al een pauze wil inlassen, is **Gretchens Villa** (nr. 142) aan te bevelen. In de turquoise-met-goudkleurige ruimte kun je goed ontbijten. Tot 's middags worden de bij de gasten populaire lekkenijen als *Süßer Start*, *Strammer Start*, *Fitter Start* en *Veganer Start* aangeboden (za., zo. tot 14.30 uur), en ze hebben ook goedkope lunchgerechten vanaf € 5. Links in het zelfde gebouw bevindt zich **Gretchens Zuckerbude**, de eigen banketbakkerij.

De biologische winkel **Lollo Rossa** (nr. 119), vernoemd naar een slasoort, is bekend om zijn ruime sortering kaas en wijn. De vier reusachtige plafondlampen met bloemmotieven, naar een ontwerp van de eigenaressen, worden op aanvraag ook nieuw voor klanten gemaakt. Verder naar **Groove City** (nr. 114). Het aanbod van zwarte muziek, speciaal op vinyl, is uit de kunst. Talloze originele persingen en compilaties. De winkel geeft overigens ook een gids uit van Hamburgse platenzaken; die is gratis verkrijgbaar aan de kassa.

Herr von Eden is niet alleen bekend in Hamburg.

Bij **Alpenglühn** (nr. 108) herinneren alleen materialen als linnen en loden aan Beierse streken. Voor de rest is de kleding hier van hanzeatische motieven voorzien.

Terug in de Marktstraße, vlak bij de speeltuin, bevinden zich de eetcafés **Yoko Mono** ❶ en **Mangold** ❷. Tijd voor een kop koffie, voordat we aan de linkerkant terugwandelen naar het vertrekpunt. Bij **Hot Dogs** (nr. 38) staat 'old originals boys 'n girls' op de winkelruit. Hier worden onder andere oude cowboyhemden, sportkleding en originele trainingpakken van Adidas uit de jaren 1970 verkocht.

Een stuk verderop heeft **Herr von Eden** (nr. 33) zijn winkel. Deze heer bestaat niet echt; het tot ver buiten de stad bekende modelabel heet zo. De stijl kan het beste worden omschreven met *classic with a twist*. Tot de collectie behoort een eigen geurlijn met drie soorten eau de toilette met exotische namen zoals Enterpe, Eros en Eclipsa.

We gaan verder naar huisnummer 29. In het souterrain zit **Senator Watrin**. Na een vergeefse sollicitatie naar de post van cultuursenator heeft de eigenaar enkele jaren geleden deze galerie-vlooienmarkt met netkunst aan het plafond geopend. Bekende kunstenaars als Daniel Spoerri en Sir Peter Blake komen hier ook wel eens langs. Op de begane grond van het gebouw bevindt zich het **Elternhaus**. Hier wordt voornamelijk met al dan niet originele teksten bedrukt textiel verkocht.

De **Vintage Gallery** (nr. 27) biedt mode uit de jaren 1920 tot en met de jaren 1980. Ook schoenen, sieraden en kleine woonaccessoires worden hier verkocht. Vervolgens gaan we naar **Anchor Rebel** (eveneens nr. 27). Hier vinden stijlbewuste mannen Japanse denim van Japan Blue Jeans en The One Goods en collecties uit Engeland en Scandinavië. Ook mooie accessoires van leer en canvas. Voor kenners is er Zweedse whiskey. Over het hele aanbod waakt een beagle van de eigenaar.

Op huisnummer 12 is in de rechter winkel **Lilit** gevestigd met overduidelijk vrouwelijke mode en soepele stoffen, zoals de eigenares benadrukt. De uitgebreide collectie komt grotendeels uit Italië en Frankrijk.

Eveneens een bolwerk van vrouwelijkheid is **Tiger Lily** (nr. 4), een kleine zaak vol met trendy mode, gracieuze dessous en strandmode van de merken Pussy Deluxe en Vive Maria. Het interessante assortiment laat vrouwenharten sneller kloppen.

▶ LEESVOER

Ook het Karo- en het Schanzenviertel zijn niet verschoond gebleven van de gentrificatie. Wie wil weten hoe het er hier 37 jaar geleden uitzag, zou eens een blik kunnen werpen in het boek **Schanze 1980** (Junius Verlag, Hamburg 2015).

Hier vindt iedereen wel wat van zijn gading: bedrijvigheid op de Flohschanze, de vlooienmarkt op zaterdag op het Schlachthof, tussen Schanzenviertel en Karolinenviertel.

→ OM DE HOEK

Indien je de rondwandeling op **zaterdag** maakt, dan bof je, want na een paar honderd meter rechtdoor beland je op een van de beste vlooienmarkten van de stad. Op het plein voor en deels in de Alte Rinderschlachthalle wordt het hele jaar door geregeld de **Flohschanze** 2 gehouden.

Gay Pride – **St. Georg**

#12

In de buurt van het Hauptbahnhof ligt het zeer contrastrijke St. Georg met als levensader de Lange Reihe, een straat met een aaneenschakeling van cafés, restaurants en kledingwinkels. Het is het domein van de homo- en lesboscene, wat een stempel drukt op het stadsdeel, dat ook nog steeds schaduwkanten heeft.

St. Georg is het veelzijdigste stadsdeel van Hamburg. De wijk is amper 2 km² groot, maar de tegenstellingen zijn opmerkelijk. Het gedeelte tussen Lange Reihe en Alster is heel chic en vooral in trek bij de homogemeenschap. Woningen in deze hoek behoren tegenwoordig tot de duurste van de stad. Steeds meer huurwoningen worden koopwoningen. Daar zit een positieve

Op Christopher Street Day viert de scene zichzelf.

kant aan, want er worden foeilelijke naoorlogse huizen gesloopt om plaats te maken voor mooie nieuwe koopwoningen.

Het gedeelte tussen de Hansaplatz, de Steindamm en het Hauptbahnhof is daarentegen nog steeds de typische stationswijk zoals we die in alle grote steden kennen, met de specifieke problemen zoals kleine criminaliteit, drugs en prostitutie.

Ongewenste elementen voor de poorten van Hamburg

De naam van het stadsdeel St. Georg vindt zijn oorsprong in de heilig verklaarde en in het jaar 303 gestorven Romeinse soldaat Sint-Joris, die vanwege zijn dapperheid door de kruisvaarders als hun beschermheilige werd beschouwd. In de middeleeuwen werd hij gezien als de helper en beschermer van melaatsen. Eind 12e eeuw werd op de locatie van de huidige wijk, buiten de stad, het St. Georgshospitaal voor melaatsen gesticht. Het was meer een asiel dan een ziekenhuis. Deze omgeving was niet alleen gevreesd bij onschuldige zieken, maar ook bij misdadigers, want sinds 1554 stond hier ook de Hamburgse galg opgesteld. Omstreeks 1564 werd in dit gebied ook de begraafplaats voor pestlijders aangelegd, die later voortbestond als armenbegraafplaats. Naar St. Georg werd iedereen verbannen die ongewenst was in de stad. Daarnaast kwamen er veel varkensstallen, nadat het houden van de dieren binnen de stadsmuren vanaf 1583 verboden was.

Na de bouw van bastions in 1681 kwam de wijk binnen de stadsvesting te liggen. In 1830 werd St. Georg voorstad en in 1868 door Hamburg geannexeerd. In die tijd groeide de bevolking explosief en in de daaropvolgende tijd verrezen de typische appartementengebouwen, die het stadsdeel nog voor een groot deel domineren. Een hotel- en vermaakswijk werd St. Georg na de ingebruikneming van het Hauptbahnhof in 1906. Het bekende luxueuze hotel Atlantic opende in 1909 zijn deuren, daarna Reichshof, destijds het grootste hotel van Duitsland, en meer kleine hotels in de omgeving. Het station trok theaters, varietés, bordelen en anderssoortige vermaaksetablissementen aan – een nega-

O OVERIGENS

In 1966 zou alles van hier tot aan de Alster met de grond gelijk worden gemaakt. Grote investeerders droomden van een **Alstermanhattan** met bouwwerken van wel zestig verdiepingen. Door massaal verzet werd de wijk voor totale afbraak behoed en in 1973 werd het Projekt Alsterzentrum ten grave gedragen – gelukkig voor St. Georg, dat sindsdien een stedenbouwkundige renaissance beleeft.

Een typisch Likörell van Udo Lindenberg, die niet alleen een geniale muzikant en schilder is, maar ook een graag geziene permanente gast in Hotel Atlantic.

tief imago, waar het stadsdeel maar moeilijk vanaf komt.

Kunst op een plein en in een oude machinefabriek

We gaan vanaf de achterkant van het Hauptbahnhof richting Kirchenallee, en passeren het **Deutsches Schauspielhaus** 1 (► blz. 109). We gaan linksaf over de Spadenteich en komen bij de **Dreieinigkeitskirche** 2 uit, ook St. Georg Kirche geheten, die aan het kerkhof St. Georgs Kirchhof ligt. De kerk werd in 1627 als hospitaalkapel opgetrokken en later parochiekerk voor de mensen die buiten de stadswallen woonden. De latere nieuwbouw uit de 18e eeuw werd in de Tweede Wereldoorlog door brand verwoest en in de jaren 1950 herbouwd. Alleen de toren verrees weer in laatbarokke stijl. Boven op de torenspits is de figuur van de heilige Georg (Sint-Joris) te zien, die we in de wijk nog vaker aantreffen. Voor de kerk zien we een kruis van straatstenen, ter nagedachtenis aan de aidsslachtoffers. Op het plein aan de Spadenteich is een sculptuur te zien van 24 roestende stalen platen van een scheepswrak. Het kunstwerk van Horst Hellinger bevindt zich hier sinds 1986 en is sindsdien ook zeer controversieel; veel mensen willen dat het wordt verwijderd, omdat ze het als symbool van de teloorgang van de scheepsbouw beschouwen.

We gaan verder door de **Koppel** 3 naar huisnummer 66. Hier is in een voormalige machinefabriek uit de jaren 1920 al dertig jaar het Haus für Kunst und Kunsthandwerk gehuisvest. In het gebouw zijn twaalf werkplaatsen en ateliers ondergebracht. Belangstellende bezoekers zijn welkom en kunnen er een kijkje nemen. Bij het puur vegetarische **Café Koppel** in het gebouw (www.cafe koppel.de, dag. 10-23 uur) staat de zelfgebakken klassieke chocoladelekkernij *Traum der Fliegenden Krokodile* (Droom van de vliegende krokodil) op de kaart. In de zomermaanden kun in de kleine tuin verpozen, alvorens de tocht voort te zetten door de passage naar de Lange Reihe.

Waar blonde Hans opgroeide

De Lange Reihe dankt zijn naam aan de omstandigheid dat bij de aanleg in 1682 slechts aan

In het Deutsches Schauspielhaus wordt veel geboden, van klassiek tot avant-garde.

► LEESVOER

Jaarlijks vindt een bont **stadsfeest in St. Georg** plaats, waarbij de scene zichzelf viert. Meer info en ook nog veel over de geschiedenis van het stadsdeel tref je aan op www.stadtfest-stgeorg.de.

een kant van de straat huizen werden neergezet. Hier begon de bebouwing van het stadsdeel en begin 18e eeuw was het de eerste volledig bebouwde straat.

Nu behoort de Lange Reihe met de vele kleine winkels, cafés en restaurants tot de meest begeerde locaties van de wijk. Huurprijzen van € 12 per vierkante meter voor woonruimte zijn heel normaal en de koopwoningen behoren tot de duurste van de stad. De straat is een typisch voorbeeld van de opwaardering van een stadswijk. Ooit zaten hier winkels die in de dagelijkse behoeften voorzagen en waren de buren vaak asielzoekers of Zuid-Europese immigranten. Tegenwoordig vloeit de prosecco rijkelijk op de dakterrassen en is het aanbod in de winkels op de extravagante smaak van de clientèle afgestemd.

In de wijk St. Georg gebeurt altijd wel wat: hier start een Hot Rod-Convoy in de Lange Reihe voor een tocht dwars door de hele stad.

In de straat begint elk jaar in een weekend van april het straatfeestseizoen in Hamburg met de *Bunte Lange Reihe*; ook de kakelbonte optocht door Hamburg op Christopher Street Day begint hier.

We gaan rechtsaf de straat door. In het **woonhuis op nummer 71** 4 werd in 1891 de beroemdste zoon van Hamburg, Hans Albers, geboren; de gedenkplaat verwijst naar de bekende acteur. Hans was de jongste van zes kinderen. Hier in de wijk werkte hij bij een wasserij, voordat hij bij het theater terechtkwam. Na aan diverse provincietheaters verbonden te zijn geweest, acteerde hij in 1913 met bravoure op diverse podia van zijn geboortestad. In de jaren 30 volgde een serie kaskrakers bij de filmaatschappij UFA. De succesvolle acteur speelde in maar liefst 176 films.

Het jongste bisdom van Duitsland

Aan de linkerkant lopen we de Danziger Straße in. Hier staat de **Mariendom** 5 met zijn twee torens. De kerk werd tussen 1890 en 1893 opgetrokken en is de eerste katholieke kerk die in de stad verrees na de reformatie. Sinds de stichting van het aardsbisdom Hamburg in 1995 is de dom het middelpunt van het qua oppervlakte grootste en jongste bisdom van Duitsland. We lopen door tot aan de Rostocker Straße, waar we rechts afslaan. Na ongeveer 200 meter bereiken we de

Hansaplatz 6 met de Hansabrunnen. Daar bevinden we ons in het centrum van St. Georg. De fontein uit 1878 vertoont naast vier historische persoonlijkheden ook de wapens van de Hanzesteden Bremen, Hamburg, Lübeck en het Duitse Rijk. Over dit alles waakt een vrouwelijk beeld dat de Hanze symboliseert. De straten rondom de fontein zijn dan ook allemaal naar Hanzesteden vernoemd. Via de Bremer Reihe gaan we terug naar het station.

INFO EN OPENINGSTIJDEN

St. Marien-Dom Hamburg 5
Danziger Str. 52a, www.mariendom hamburg.de, bezichtiging dag. 9-19 uur (buiten de kerkdiensten om), gratis rondleidingen: tel. 040 28 49 90 70.

ETEN EN DRINKEN

In de buurt rondom de Lange Reihe zit de ene horecagelegenheid naast de andere. Een paar klassiekers op deze bekende locatie: bij **Max & Consorten** 1 kun je op je gemak een biertje drinken (Spadenteich 1, www.maxund consorten.de, dag. vanaf 11 uur).
Das Dorf 2: Beneden in het gewelf uit het jaar 1848 gaat het er rustiek aan toe, hier schijnt de tijd te hebben stilgestaan (Lange Reihe 39, www. restaurant-dorf.de, dag. vanaf 18 uur). Velen beschouwen het restaurant als de eigenlijke kantine van het om de hoek gelegen Schauspielhaus.
Een cultstatus bezit **Café Gnosa** 3 met zijn eigen uitstekende banketbakkerij (Lange Reihe 93, www.gnosa.de, dag. 10-1 uur).

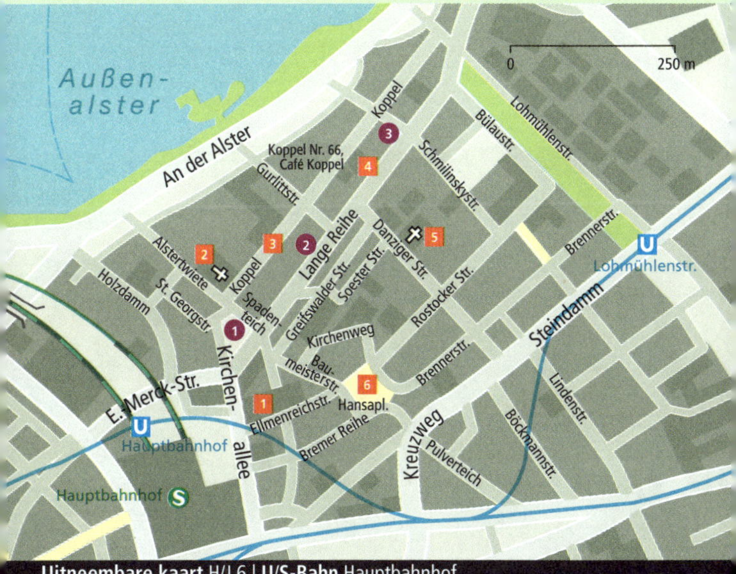

Uitneembare kaart H/J 6 | **U/S-Bahn** Hauptbahnhof

13

Alles even mooi – **Eppendorf**

Dit stadsdeel bekoort met grootstedelijke levenskwaliteit. Eppendorf wordt gekenmerkt door riante oude woonhuizen met jugendstilflair, populaire modezaken en goede gastronomie. Alles is hier goed en mooi, maar ook prijzig. Zeer de moeite waard is de Isemarkt, die tweemaal per week wordt gehouden en voor velen de mooiste van Hamburg is.

Het is de moeite waard het U-Bahnstation Klosterstern te bekijken. De onlangs gerestaureerde ondergrondse halte is een goed voorbeeld van architectuur uit de jaren 1920 en geldt voor velen als het mooiste station van de stad. Aan de Klosterstern zit 'Der neue Beckmann', een pionier op het gebied van modern meubeldesign. Al meer dan vijftig jaar worden hier klassiekers uit Italië en Scandinavië verkocht. Eames, Jacobsen, Panton, Rams en Sottsass waren vaak het eerst te zien bij Beckmann. Schuin tegenover zit 'Conrad Hasselbach'. Het assortiment bestaat uit klassieke schoenen en kleding, voornamelijk van Britse makelij. We gaan verder over de Eppendorfer Baum, die eigenlijk nog in de wijk Harvestehude ligt; Eppendorf begint pas een paar honderd meter verderop. De straat met de karakteristieke hoge huizen uit het eind van de 19e eeuw

Op de Isemarkt loop je de kans om de een of andere beroemdheid tegen het lijf te lopen. Een wandeling over de mooiste weekmarkt van Hamburg is altijd de moeite waard!

heeft exquise winkels. Buiten de binnenstad zitten hier en in de Eppendorfer Landstraße de beste en chicste zaken van de stad. De omgeving heeft dan ook een grootstedelijke uitstraling, zoals in Parijs of Berlijn. Ook het U-Bahnviaduct direct voor ons speelt daarin een rol van betekenis.

Riant boodschappen doen op de Isemarkt

Onder het U-Bahnviaduct, tussen de haltes Eppendorfer Baum en Hoheluftbrücke, wordt op dinsdag en vrijdag tussen 8.30 en 14 uur de mooiste markt van Hamburg gehouden: de **Isemarkt** 1, met een heel bijzondere sfeer. De bijna 800 meter lange markt, beschut tegen de regen onder de sporen van de metro, is ook de veelzijdigste van Hamburg. Aan ongeveer 180 kramen worden bloemen, fruit, kaas, worstwaren, zeevruchten, borstels en nog veel meer en van de beste kwaliteit verkocht. Een must is de kraam van de 'Zuckerbäckerei Pingel', waar niet alleen in de kersttijd lange rijen staan voor de bonbons en andere zoete lekkernijen. Druk bezocht zijn ook de vele snacktenten, waar (staand) kan worden gesmuld van café latte, gebak, tom-kha-gaisoep (een Thaise variant van kippensoep) of een curryworst met friet en *schranke* (= slagboom: rood-wit, met ketchup en mayonaise). Het geheel heeft een bijna zuidelijke sfeer en ook het prominentengehalte is niet te onderschatten; veel bekende tv-persoonlijkheden doen hier graag hun boodschappen.

Een klein warenhuis met veel liefde voor detail: in het 30 jaar geleden geopende 'Kaufrausch' met zijn buitengewone producten inzake mode en accessoires en wonen is het goed rondsnuffelen.

Stadsdeel Falkenried

We laten ongeveer halverwege de markt de gezellige drukte achter ons en gaan rechtsaf de Klosterallee in, richting Falkenried. Links ligt het nieuwe stadsdeel **Falkenried** 1 tussen de Straßenbahnring en de Hoheluftchaussee. Een complete wijk met woningen en kantoor- en bedrijfspanden is de afgelopen jaren verrezen op een voormalig industrieterrein, waar vroeger de machinefabriek Fahrzeugwerke Falkenried en een bedrijfsstation waren ondergebracht. In het oude bewakershuisje van rode baksteen verkoopt de **Marsbar** 1 kleine gerechten en dranken.

Aan de rechterkant van de straat zie je de **Falkenried-Terrassen** 2, een wooncomplex, gebouwd voor de arbeiders van het voormalige industrieterrein. De huizen zijn karakteristiek voor Hamburg in de tijd rond 1900, toen er grote behoefte bestond aan goedkope kleine woningen.

Wie goed kijkt kan veel ontdekken: kleine blikvangers in Burgs Kaffeerösterei.

Eppendorfse dolce vita

De tocht gaat verder naar de Eppendorfer Weg. Die heeft een riant bomenbestand, veel kleine winkels en mooie statige oude huizen en loopt over een afstand van enkele kilometers door tot in de naburige wijk Eimsbüttel. We gaan rechtsaf en vervolgen de wandeling richting Eppendorfer Landstraße. Bij **Burg's Tee- und Kaffeeladen** 2 maak je een reis in de goede oude tijd van de kruidenierswinkels. Koffie wordt hier diverse malen per week vers gebrand. Eigenaar Jens Burg runt ook een koffiemuseum aan de St. Annen-Ufer in de havenwijk, waar alles over deze drank uiteengezet wordt (▶ blz. 32). Tegenover de nostalgische winkel is **Glassgo** 3 gevestigd. Hier krijg je gegarandeerd de actueelste brillenmode onder ogen. Verderop aan dezelfde kant kruisen we de Löwenstraße. Het buitenterras van **Eiscafé Dante** 2 wordt altijd drukbezocht. Het ijs is dan ook overheerlijk. Hiernaast zit het populaire **La Bottega Lentini** 3**:** niet zozeer het eten als wel het kijken en bekeken worden maken de charme uit van deze zaak. Verder links zie je **Polettos Winebar** 4. 's Zomers kun je hier wat drinken en uitblazen op het terras.

Kuurcentrum in Eppendorf

We gaan schuin naar links de Eppendorfer Landstraße in met riante woningen in statige panden.

Hier woont men graag en dan mag het best wat kosten: jugendstilhuizen in Eppendorf.

ETEN EN DRINKEN

Marsbar ❶: Straßenbahnring 2, www.marsbar-hamburg.de, ma.-vr. 9-24, za. 9-16 uur, gerechten ca. € 20.
Eiscafé Dante ❷: Eppendorfer Weg 269, tel. 040 47 78 10, dag. 9-22 uur.
La Bottega Lentini ❸: Eppendorfer Weg 267, tel. 040 46 96 02 63, www.labottegalentini.de, ma.-za. 11-1, zo. 17-1 uur, gerechten € 10-20.
Polettos Winebar ❹: Eppendorfer Weg 287, tel. 040 38 64 47 00, poletto-winebar.de, ma.-za. 12-24, zo. 13.30-23 uur, gerechten € 10-14.
De latte macchiatogemeenschap bezoekt na een wandeling over de Isemarkt graag het naburige **TH2** ❺ (Klosterallee 67, www.th2.de, ma.-vr. 9-19.30, za., zo. 10-18 uur). Idyllisch in de Klosterhof-Passage gelegen (in de zomer een oase van rust dicht bij de Eppendorfer Landstr.) biedt **Ristorante Pizzeria Mario** ❻ (Robert-Koch-Str. 36, www.ristorante-eppendorf.de ma.-zo. 11-23 uur) Italiaanse culinaire klassiekers voor schappelijke prijzen.

Uitneembare kaart F/G 1-3 | **U-Bahn** U3 Eppendorfer Baum, Hoheluftbrücke, U1 Klosterstern

Het imposante, in baksteen uitgevoerde postkantoor (nr. 47-51) verrees tussen 1929 en 1930. Pal aan de overkant herinnert een klein monument van zandsteen aan Georg Andreas Knauer. Vlakbij bevond zich ooit het kuurcentrum **Beim Andreasbrunnen** 3 met mineraalwater van eigen bodem. De wijnhandelaar Knauer begon in 1824 met de exploitatie van een gemeenschapshuis en een bronnencomplex met elf soorten geneeskrachtig water. Het centrum bestond tot 1850 en werd in 1906 gesloopt. In 1910 werd de straat Beim Andreasbrunnen met jugendstilwoonhuizen bebouwd.

▶ LEESVOER

Mein Leben in Eppendorf: Op internet ontstaat een kroniek over het oudste dorp van Hamburg: meineppendorf.wordpress.com.

OM DE HOEK

In het legendarische café **Schramme 10** ❶ krijg je een zorgvuldig getapt biertje en gratis pinda's (Schrammsweg 10, www.schramme10.com, zo.-do. 12-2, vr., za. 12-4 uur).

14

Leven en laten leven – **Ottensen**

Het levendige en enigszins alternatieve Ottensen is onder jongeren een van de populairste stadsdelen. Veel trendy restaurants, cafeetjes en winkels, groene binnenplaatsen met lofts – een goede mix.

Ook Ottensen is de afgelopen jaren veel chiquer geworden en de huren zijn er explosief gestegen. Toch heeft de wijk nog veel van zijn oorspronkelijke karakter weten te bewaren.

Vertrekpunt is station Altona. We wandelen over de Ottenser Hauptstraße langs **Mercado** 1. Het winkelcentrum zorgde medio jaren 1990, voordat aan de bouw ervan werd begonnen, voor ophef in de media. Sinds 1663 bevond zich hier een joodse begraafplaats en de bouwwerkzaamheden konden alleen onder rabbinaal toezicht worden uitgevoerd.

Op de Spritzenplatz gaan we rechtsaf de Große Rainstraße in. Daar zit **Café Knuth** 1 (nr. 21), dat niet alleen in het weekend een geliefde plek voor

De typische 'Ottenser Mischung' komt ook tot uiting in de Hauptstraße.

een lekker ontbijt is. Ook 's avonds kun je hier rookvrij een biertje drinken en toast eten. Bij **Borboletta** 2 (Hohenesch 6) raken grote en kleine meisjes in vuur en vlam. Uit alle windstreken heeft de eigenares sieraden, tassen en woonaccessoires bijeengebracht. In de Bahrenfelder Straße 207 staan we voor **Hamburgs kleinstes Kaufhaus** 3, De vierkamerwoning op de begane grond van het huis is volgepakt met nuttige en nostalgische spullen. Liefhebbers daarvan kunnen hier hun hart ophalen. Op de hoek (nr. 237) zit **Torrefaktum** 4, de sociaal en ecologisch verantwoorde koffiebranderij. De tocht gaat verder linksaf de Völckersstraße in: rechts staat het gebouw van Carlsen Verlag. Harry Potter en Kuifje worden hier uitgegeven. We gaan nog een keer linksaf de Borselstraße in. De concept store **The Box** 5 (nr. 16 f) bevindt zich in een fabriekshal die onder monumentenzorg valt. Behalve een café nodigen chique keukenspullen, mooi vormgegeven boeken, met zorg uitgezochte meubelklassiekers en een galerie uit tot het nemen van een kijkje. Vervolgens gaan we naar de Friedensallee.

De **Bonscheladen** 6 (nr. 12) verkoopt handgemaakte bonbons met diverse smaken. Ze hebben

allemaal mooie vormen en kleuren. Het is er heel moeilijk kiezen. Dinsdag tot en met vrijdag om 16.15 uur en zaterdag om 14.30 uur wordt getoond hoe de bonbons worden gemaakt. De gratis demonstratie duurt ongeveer een uur.

Schuin tegenover zien we de **Zeisehallen** 2, een voormalige schroevenfabriek, waar in 1869 de eerste scheepsschroef werd gegoten. Tegenwoordig zijn in het gebouw restaurants ondergebracht en het **Zeise Kino**, een bioscoop waar geen blockbusters, maar uitsluitend kwaliteitsfilms worden vertoond. In de **Filmhauskneipe** heerst 's avonds een prettige sfeer en in de zomer lokt het prachtige grote terras – hier is het nooit saai.

Via de Bahrenfelder Straße en de Spritzenplatz gaan we terug naar het station.

INFO EN OPENINGSTIJDEN

Zeise-Kino: Friedensallee 7-9, tel. 040 390 87 70, www.zeise.de.

ETEN EN DRINKEN

Rondom de Zeisehallen 2: In de **Filmhauskneipe** (Friedensallee 7, www.filmhauskneipe.de, dag. 12-1 uur, hoofdgerechten ca. € 12) bereiden ze eenvoudige tot geraffineerde Duitse keuken. **L'Incontro** (Friedensallee 20, www.lincontro.info, ma.-vr. 11.30-24, za.,zo. 16-24 uur, gerechten ca. € 8) biedt goedkope pizza's, pasta en huiswijn. **Eisenstein** (Friedensallee 9, www.restaurant-eisenstein.de, dag. 12-23 uur, pizza's ca. € 12), is eveneens beroemd om zijn pizza's uit de houtoven. **Familieneck** (Friedensallee 2-4, www.familieneck.de, dag. 16-6, zo. alleen tot 24 uur) is een echte oude kroeg. Zodra het buiten warm wordt, worden de tafels op het trottoir gezet (filmregisseur en acteur Fatih Akin geeft hier zo nu en dan acte de présence, als oude Ottenser).

Aan de **Ottenser Hauptstraße** 3: **Mar y Sol** (nr. 36, ma.-vr. 7-22, za. 9-23 uur) is overdag cafeteria en verandert 's avonds in een tapasbar. **Paola** (nr. 59) biedt Italiaanse levensmiddelen en opera's als muzikale omlijsting! Fabelachtige antipasti, goede wijnen, kaas, vers fruit, heerlijk brood en fraaie bloemen. Bovendien is de zaak heel mooi ingericht. Heel bijzonder is **Laundrette** (Ottenser Hauptstraße 56, www.laundrette.de, zo.-do. 9-1, vr., za. 9-4.30 uur): combinatie van café, bar en … prachtige wassalon.

Uitneembare kaart C 6/7 | **S-Bahn** Altona

Schepen kijken – **Övelgönne**

15

Een circa 1 km lange rij oude romantische vissershuizen omzoomt de weg richting Museumshafen. Hier zijn een lichtschip, een drijvende kraan en historische zeilschepen te zien. Op een zwoele zomeravond bestaat er niets beters dan hier aan de Elbe schepen voorbij te zien varen en voor de Strandperle te genieten van een koel drankje. Hamburg ten voeten uit!

Het vertrekpunt van de excursie is de eindhalte van bus 112 staduitwaarts. Hier begint rondom de Fähranleger Neumühlen (aanlegplaats voor veerboten) het schilderachtige Övelgönne. De

Oceaanreuzen bewonderen aan het strand van Övelgönne: hier passeert de Queen Mary 2.

Elbe binnen handbereik, de zee is bijna te ruiken. In deze maritieme ambiance ligt een bezoek aan de **Övelgönner Museumshafen** 1 bijna voor de hand. Hier liggen veertien antieke kotters, sleepboten, politie- en douanevaartuigen en negen zeilschepen. Dé attractie in de haven is het oudste lichtschip van Duitsland, Elbe 3, dat al in 1888 als Leuchtschiff Weser in dienst werd genomen. Er zijn ook oude kranen en kraanvoertuigen te zien.

Populair doel van zondagsuitstapjes: de loods- en kapiteinshuizen in Övelgönne.

Chic wonen aan de rivier

Enkele meters verderop begint de **rustieke huizenrij** 2. De beroemde auteur Peter Rühmkorf (1929-2008), lange tijd bewoner van dit idyllische oord, was lyrisch over de charme van Övelgönne. Wie achter de ventilatie-installatie van de nieuwe Elbetunnel niet naar het Elbestrand loopt, maar de wandelweg blijft volgen, die komt langs de verzorgde minituintjes – waar rozen en lavendel bloeien – van de kleine huisjes, die vroeger bewoond waren door vissers en loodsen. Andermans interieur begluren spreekt vaak meer aan dan het

INFO EN OPENINGSTIJDEN

Museumshafen Övelgönne: Ponton Neumühlen, tel. 040 41 91 27 61, www.museumshafen-oevelgoenne.de. Voor groepen vanaf tien personen zijn er rondleidingen door de Museumshafen. Duur circa 75 minuten, € 4 p.p. Twee weken van tevoren reserveren: fuehrungen@museumshafen-oevelgoenne.de.

ETEN EN DRINKEN

In de **Strandperle** 1 (Am Schulberg 2, www.strandperle-hamburg.de, voorjaar/zomer ma.-vr. 11, za., zo. en feestdagen vanaf 10 uur, dranken vanaf € 3, curryworst met gebakken aardappelen en salade € 9,50) brengt naar het schijnt heel Hamburg de zomer door. Het is ook een van de mooiste plekken van de stad.

Zum alten Lotsenhaus 2 zet traditionele kost op tafel (Övelgönne 13, www.zum-alten-lotsenhaus.de, dag. 12-23 uur, hoofdgerechten ca. € 20).

Uitneembare kaart A/B 7 | **Bus** 112 vanaf **U-Bahn** St. Pauli of U/**S-Bahn** Landungsbrücken tot eindstation Neumühlen/Övelgönne

In het zand voor de Strandperle krijgt men snel een vakantiegevoel.

uitzicht op de voorbijvarende schepen op de rivier. Daarom zijn er op de ruiten vaak bordjes aangebracht met mededelingen als 'Opgelet! De Elbe ligt aan de andere kant!' Geen wonder, want op zondag is hier half Hamburg op pad (de andere helft wandelt dan rondom de Alster). De oudste huizen zijn die met de huisnummers 72 t/m 75; ze dateren van omstreeks 1730.

Elbestrand en grote schepen

Övelgönne is autovrij, er voert geen weg naartoe; alleen via trappen of de Schulberg kun je afdalen naar het Elbestrand. Als het weer meewerkt, kan het hier zeer aangenaam toeven zijn. Een heel belangrijke bijdrage hiertoe levert het bekendste tentje van Hamburg, de **Strandperle** 1. Die is gewoon cult en de moeder van alle nieuwe beachclubs langs de Elbe. Maar wat maakt dit cafeetje eigenlijk zo succesvol en waarom wordt het zo vaak gekopieerd? Heel simpel, het geheim van de Strandperle is de locatie pal aan het Elbestrand. Het eten is eenvoudig. De nieuwe uitbater verkoopt nog steeds worstjes en bier. De kaart werd na 35 jaar uitgebreid met mediterrane versnaperingen als latte macchiato en witte wijn. Meer heeft de mens sowieso niet nodig om te leven. De Strandperle is vermoedelijk ook het uniekste van alle Hamburgse cafés: je zit in het gele zand, terwijl er een lichte bries waait, je hebt een koel biertje in de hand en de oceaanreuzen varen rakelings langs de oever voorbij – dat wekt een verlangen naar verre reizen op.

O
OVERIGENS

Vijftig bezoekers van de **Strandperle** hadden echt pech, toen ze enkele jaren geleden ineens tot aan hun middel in het water stonden. Het schip Grande America veroorzaakte vanwege een te hoge snelheid een dusdanig hoge boeggolf, dat ook de keuken van de Strandperle onder water kwam te staan en de stroom na een kortsluiting uitviel. Dergelijke ravages komen in deze omvang echter vrij zelden voor.

TOEGANGSKAARTEN *voor een andere wereld...*

Naast het maritiem museum (▶ blz. 37) telt Hamburg talrijke andere musea. Hier een aantal interessante tips.

MAAR BESLIS VOORAL ZELF!

Altonaer Museum
di.-zo. 10-17, do. tot 21 uur
€ 7,50/4,50

Voorwerpen die verband houden met folklore en boerenleven in Noord-Duitsland, replica's van historische schepen en originele boegbeelden. Eveneens bezienswaardig is de grote speelgoedcollectie.

JA NEE

C 7, www.altonaermuseum.de

Archäologisches Museum Hamburg/ Helmsmuseum
di.-zo. 10-17 uur
€ 6/4

Tijdreis door de prehistorie en oudste gechiedenis van Noord-Duitsland. Het museum zelf is ook al meer dan 100 jaar oud en bezit een van de belangrijkste archeologische collecties van de republiek.

JA NEE

ten zuiden van K 8, amh.de

Bucerius Kunst Forum
dag. 11-19, do. tot 21 uur
€ 8, gezinskorting ma. € 5

Dicht bij het stadhuis biedt het Forum wisselende tentoonstellingen met beeldende kunst van de klassieke oudheid tot in de moderne tijd. Tevens openbare symposia en culturele evenementen.

JA NEE

kaart 2, G 3, www.buceriuskunstforum.de

Deichtorhallen
di.-zo. 11-18 uur
per hal € 9/6,
combikaart verkrijgbaar

Tot 1983 was in deze twee hallen de Hamburgse bloemenveiling ondergebracht, sinds 1989 vinden hier grote tentoonstellingen van nationale betekenis plaats. Veel moderne kunst en fotografie.

JA NEE

kaart 2, J 4, www.deichtorhallen.de

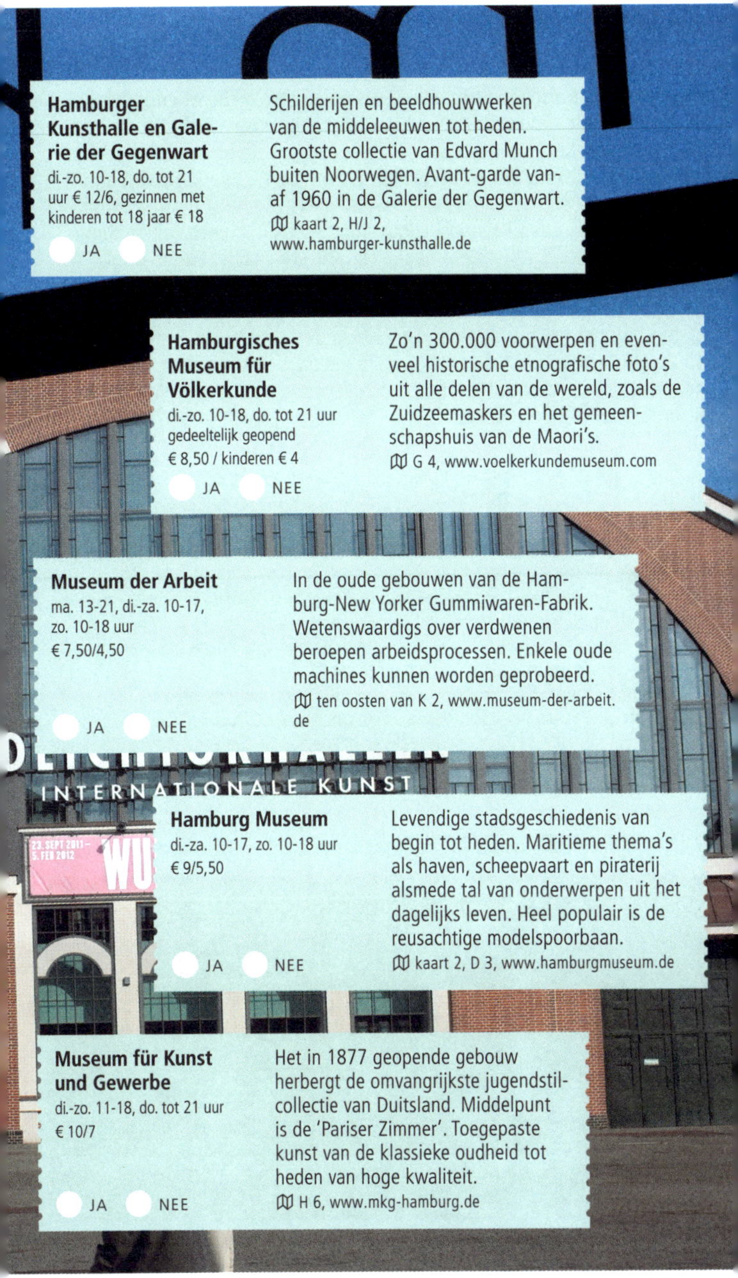

Hamburger Kunsthalle en Galerie der Gegenwart
di.-zo. 10-18, do. tot 21 uur € 12/6, gezinnen met kinderen tot 18 jaar € 18

JA NEE

Schilderijen en beeldhouwwerken van de middeleeuwen tot heden. Grootste collectie van Edvard Munch buiten Noorwegen. Avant-garde vanaf 1960 in de Galerie der Gegenwart.
kaart 2, H/J 2, www.hamburger-kunsthalle.de

Hamburgisches Museum für Völkerkunde
di.-zo. 10-18, do. tot 21 uur gedeeltelijk geopend
€ 8,50 / kinderen € 4

JA NEE

Zo'n 300.000 voorwerpen en evenveel historische etnografische foto's uit alle delen van de wereld, zoals de Zuidzeemaskers en het gemeenschapshuis van de Maori's.
G 4, www.voelkerkundemuseum.com

Museum der Arbeit
ma. 13-21, di.-za. 10-17, zo. 10-18 uur
€ 7,50/4,50

JA NEE

In de oude gebouwen van de Hamburg-New Yorker Gummiwaren-Fabrik. Wetenswaardigs over verdwenen beroepen arbeidsprocessen. Enkele oude machines kunnen worden geprobeerd.
ten oosten van K 2, www.museum-der-arbeit.de

Hamburg Museum
di.-za. 10-17, zo. 10-18 uur
€ 9/5,50

JA NEE

Levendige stadsgeschiedenis van begin tot heden. Maritieme thema's als haven, scheepvaart en piraterij alsmede tal van onderwerpen uit het dagelijks leven. Heel populair is de reusachtige modelspoorbaan.
kaart 2, D 3, www.hamburgmuseum.de

Museum für Kunst und Gewerbe
di.-zo. 11-18, do. tot 21 uur
€ 10/7

JA NEE

Het in 1877 geopende gebouw herbergt de omvangrijkste jugendstilcollectie van Duitsland. Middelpunt is de 'Pariser Zimmer'. Toegepaste kunst van de klassieke oudheid tot heden van hoge kwaliteit.
H 6, www.mkg-hamburg.de

Museumlandschap van Hamburg

Of het nu gaat om een klassiek museum, kunstcollectie of curiosa – Hamburg biedt een grote verscheidenheid aan musea. Behalve de acht **staatsmusea** zijn er nog een kleine vijftig andere, de gedenkplaatsen meegerekend. De **Kunstmeile Hamburg** is een samenwerkingsverband van vijf kunstinstituten. In de directe nabijheid van het Hauptbahnhof bevinden zich tussen Rathaus, Glockengießerwall, Klosterwall en Steintorplatz musea voor kunstminnaars. Het **Bucerius Kunst Forum** (► blz. 78), de **Deichtorhallen** (► blz. 78), de **Kunsthalle** (► blz. 79) en het **Museum für Kunst und Gewerbe** (► blz. 79) nodigen dicht bij de Alster en op loopafstand uit voor een ontdekkingstocht op de Kunstmeile. Historische en hedendaagse kunst dwars door alle media worden hier in de musea gepresenteerd, zoals schilderkunst, beeldhouwkunst, kunstnijverheid, fotografie en modern design.

TIPS VOOR HET BEZOEK AAN HAMBURGSE MUSEA

Hamburg CARD: Veel musea bieden entreekortingen tot 50 %. De kaart is verkrijgbaar vanaf € 9,90.
De **Kunstmeilenpass** (5 musea, één prijs) is vanaf € 36 verkrijgbaar, verminderd met de Hamburg CARD € 28,50, studenten tot 27 jaar en zwaar gehandicapten betalen € 22,00. Zoals in vrijwel alle Hamburgse musea geldt ook hier gratis toegang voor kinderen en jongeren tot 18 jaar.
Informatie over de musea en over actuele speciale exposities: Een uitgebreid overzicht van alle musea en informatie over speciale tentoonstellingen is te vinden in de elk kwartaal verschijnende bijlage van de avondkrant *Hamburger Abendblatt*. Die is gratis verkrijgbaar bij de Tourist-Information. Informatie over tentoonstellingen en speciale evenementen vind je ook in alle plaatselijke dagbladen.
Info op internet: www.hamburg-tourism.de.

Angstaanjagend of mooi? In elk geval een kijkje waard: maskers in het Medizinhistorisches Museum am Universitätsklinikum Hamburg-Eppendorf.

Lokroep naar Amerika

Emigratie – tegenwoordig weer actueel – heeft in Hamburg altijd al een grote rol gespeeld. Van medio 19e eeuw tot 1934 gingen omstreeks vijf miljoen mensen aan boord van de emigratieschepen met als doel Amerika. Hamburg, poort naar de rest van de wereld.

Massa-emigratie beleven

BallinStadt Auswanderer-museum ten zuidoosten van K 8
Hier wordt de massa-emigatie tastbaar: het landverhuizersmuseum BallinStadt belicht de aspecten van deze massa-emigratie: de omstandigheden gedurende de oversteek van de Atlantische Oceaan, de situatie in de emigratiehal, de verschillende beweegredenen van de mensen en wat er van sommige families is terechtgekomen. In het ondezoekscentrum wordt desgewenst uitgezocht of iemands voorouders tot de landverhuizers behoorden. Het museum is veroemd naar Albert Ballin (1857-1918), de succesvolste reder van zijn tijd. Sinds 1886 was de HAPAG (Hamburg-Amerikanische Packetfahrt Actien-Gesellschaft) onder Ballin uitgegroeid tot 's werelds grootste rederij. Een voorbeeldige daad verrichtte Ballin met de bouw van de emigratiehallen in Hamburg-Veddel. Behalve een schoon onderkomen werd ook de medische verzorging gewaarborgd.

Veddeler Bogen 2, www.Ballinstadt.de, S-Bahn Veddel, dag. 10-18, nov.-mrt. tot 16.30 uur, € 12,50, kinderen tot 12 jaar € 7, gezinnen € 26

Classicisme in plaats van Kontor

HAPAG Verwaltungsgebäude
kaart 2, H 3
In het voormalige bestuursgebouw van de Hamburg-Amerika-Linie (HAPAG) zetelt tegenwoordig de Hapag-Lloyd AG. De maatschappij ontstond in 1970 door een fusie van de twee traditierijke rederijen in Hamburg (HAPAG) en Norddeutscher Lloyd (NDL) in Bremen. Het gebouw (1901-03 door Martin Haller ontworpen) domineert stedenbouwkundig de Ballindamm, de brede, naar de Binnenalster toegekeerde voorgevel herinnert met het tempelfront in het midden eerder aan classicistische architectuur dan aan de voor die tijd in Hamburg karakteristieke Kontorhäuser.

Ballindamm 25, U/S-Bahn Jungfernstieg, geen bezichtiging mogelijk

Herdenking van miljoenen

Auswanderer-Denkmal C 7
Enigszins verscholen ligt het emigrantenmonument in de buurt van het Altonaer Balkon. De Kroatische kunstenares Ljubici Malulec heeft het beeld gemaakt, dat aan de miljoenen mensen herinnert die via de Hamburgse haven naar de VS zijn geëmigreerd, onder wie veel Kroaten. Het eerste, oorspronkelijk houten monument werd in 1989 onthuld ter gelegenheid van de 800e verjaardag van de haven.Het verweerde al snel, tien jaar later viel het vermolmde kunstwerk om. Het vervangende model werd met brons bekleed en staat sinds 2008 op deze plek.

Kaistraße/Elbberg, www.denkmalhamburg.de, bus 112, Elbberg

N
NOG IETS

Officieel gedocumenteerd is de miljoenste emigrant naar Amerika. De hoedenmaker Selig Ackermann uit Rusland begon op 19 september 1902 via Hamburg aan zijn reis naar New York.

Hamburg degelijk en dorps

Het mooiste dorp aan de Elbe – zo zien de Blankenesers hun stadsdeel – bereik je vanuit de binnenstad het beste via de Elbchaussee. Een van de beroemdste en ook duurste straten van Duitsland loopt tussen Ottensen en Blankenese.

Onbetaalbaar

Over de Elbchaussee kaart 3

'Een van de mooiste taferelen ter wereld', vond zelfs de Franse schrijver Stendhal, die gewoonlijk heel spaarzaam was met complimenten. Telkens weer waren en zijn bezoekers gefascineerd door de prachtige 9 km lange straat. Geen wonder, want aan de Elbchaussee liggen de talloze villa's en schitterende plantsoenen aaneengeregen als parels aan een snoer. Wie het zich kan veroorloven hier te wonen, geeft de voorkeur aan de juiste kant, namelijk die met direct uitzicht op het water (oneven huisnummers). De chique Hamburger maakt hier vaak een onderscheid in 'boter- en margarinekant'. En daartussendoor kan op veel plekken worden genoten van een fantastisch uitzicht op de Elbe en de tegenoverliggende haveninstallaties. Blankenese stond sinds 1640 onder Deense heerschappij en sinds 1867 hoorde het bij de Pruisische provincie Sleeswijk-Holstein. Pas in 1937/38 werd het binnen het kader van de herindeling bij Groß-Hamburg ingelijfd. Nog altijd zijn de inwoners trots op hun 'dorp' en het is gebruikelijk van de stad of de binnenstad te spreken, wanneer men Hamburg bedoelt. Doet denken aan *Asterix en zijn vrienden*. Het stadsdeel bestaat uit een helling- en een strandgedeelte. De eenvoudige vakwerkhuizen met rieten dak getuigen ervan dat Blankenese oorspronkelijk een vissersdorp was. Aan de waterzijde boven de strandweg in het hellinggebied bevindt zich het Treppenviertel met zijn smalle straatjes en kronkelige trappen. Klein Italië, vanaf de Elbe gezien. Hier in de oude dorpskern is het op sommige plaatsen zo steil en bochtig, dat er vanwege de smalle weggetjes alleen minibussen kunnen rijden – die in de volksmond vaak 'berggeiten' worden genoemd. Verder naar boven, op de Süllberg, kun je je verpozen in de cafés en restaurants.

O
OVERIGENS

Kreek-racen

In de winter is het zo ver: op de hopelijk dan met sneeuw bedekte Schinckels Wiese vindt het wereldwijd unieke *Kreek-Rüschen* plaats. Een kreek was oorspronkelijk een kolenslee, die nu verbouwd wordt tot een wedstrijdvehikel. Heuvelafwaarts worden snelheden bereikt tot 80 km/h. De slee wordt gemaakt van zwaar essenhout, maar is nergens te koop. Je moet hem zelf maken, tenzij je een heel goede verstandhouding met een plaatselijke meubelmaker hebt.

Voor goed getrainde bezoekers

Treppenviertel kaart 3

Beslist een bezoek waard is het Treppenviertel in het voormalige vissersdorp Blankenese. De kleine, grotendeels lage huisjes van de kapiteins, vissers, loodsen en scheepsbouwers verheffen zich vanuit een schijnbare wirwar van trappen, steegjes, piepkleine tuintjes en terrassen. Wie nader wil kennismaken met het idyllische Treppenviertel aan de

Zuidelijke flair in het Treppenviertel van Blankenese.

hellende Elbeoever, moet in elk geval topfit zijn. Over de helling lopen 58 trappen, die bij elkaar opgeteld 4864 treden tellen!

S 1, 11: Blankenese

Kunst in de vrije natuur

Römischer Garten 🕮 kaart 3

De cirkelvormige Römischer Garten ligt op de zuidhelling van de Polterberg. In de jaren 1920 en 1930 was de naar Italiaans voorbeeld aangelegde tuin een geliefd trefpunt van de Hamburgse society. Er werden toneelstukken opgevoerd en er werd gegeten en gedanst op muziek van een orkestje. Nu wordt het podium 's zomers weer voor theateruitvoeringen gebruikt. Het openluchttheater biedt plaats aan circa 200 bezoekers.

S 1, 11: Blankenese

Chillen met Elbepanorama

Süllberg 🕮 kaart 3

Vanaf de circa 70 meter hoge Süllberg boven het Treppenviertel kun je alles overzien.Op het voormalige burchtterrein tref je bovendien diverse restaurants en een biertuin met een prachtig terras aan. Hier kun je het beslist uithouden!

S 1, 11: Blankenese

Voor iedereen

Ponton Op'n Bulln 🕮 kaart 3

De Ponton Op'n Bulln is met het vasteland verbonden door een loopplank, die zowel steil naar beneden alsook naar boven helt – naargelang het eb of vloed is. Hier komt 'tout Blankenese', maar ook Hamburgers en toeristen komen hier voor koffie, taart, curryworst en bier.

Strandweg 30/ Fähranleger Blankenese, bus 48: Strandweg/Landungsbrücken, 's zomers ma.-vr. vanaf 11, za./zo. vanaf 10 uur, 's winters ma.-wo. gesloten

Pauze, even rebooten

Op naar de vrije natuur. Doe het de Hambugers na en ontvlucht de grotestadshektiek en zoek de beschouwelijke rust op van de parken en tuinen. De keuze is groot en ze zijn gemakkelijk vanuit de city te bereiken (bij voorkeur met het HVV).

Groene oase

Jenischpark kaart 3

Het oudste landschapspark van Duitsland werd omstreeks 1800 door de Hamburgse koopman Voght naar Engels voorbeeld aangelegd. Er ontstond geleidelijk een natuurlijk park met tuinaanleg. Uit die tijd stammen nog een honderdtal bomen, voor het merendeel haagbeuken en eiken. Een vriend van baron Voght, de Hamburgse koopman en raadsheer Jenisch, verkreeg het terrein in 1828. Onder zijn invloed kreeg het parklandschap zijn huidige gedaante.

Elbchaussee, S 1, 11: Klein Flottbek, Schnellbus: 36

Bello voor het Jenischhaus.

Op het hoogste punt staat het classicistische **woonhuis** van de familie Jenisch, dat als getuigenis van de wooncultuur van de rijke burgerij te bezichtigen is. Het werd tussen 1828 en 1832 gebouwd naar een ontwerp van de architecten Franz Gustav Forsmann en Karl Friedrich Schinkel. In het huis krijgt de bezoeker een goede indruk van de representatieve wooncultuur van de gegoede burgerij in Hamburg en Noord-Duitsland.

Baron-Voght-Str. 50, di.-zo. 11-18, rondleidingen zo. om 15 uur, € 5,50/3,70, kinderen tot 17 jaar gratis

Niet ver van het Jenisch Haus staat het **Ernst Barlach Haus**, dat een omvangrijke collectie werken van deze beroemde beeldhouwer herbergt.
Dichter, tekenaar en beeldhouwer Ernst Barlach behoort tot de vooraanstaande vertegenwoordigers van het Duitse expressionisme. Het huis in het Jenischpark – in 1962 als eerste particuliere kunstmuseum van Noord-Duitsland geopend – toont de omvangrijke privécollectie van de Hamburgse industrieel Hermann F. Reemtsma. De verzameling omvat 140 beelden van hout, brons, porselein en circa 150 tekeningen van de kunstenaar. Daarnaast zijn er geregeld wisselende tentoonstellingen.

www.barlach-haus.de, di.-zo. 11-18 uur, € 6/4

Vooraanstaande overledenen

Ohlsdorfer Friedhof ten noordoosten van K 1

De op een na grootste begraafplaats van de wereld werd in 1877 in gebruik genomen. Het terrein is aangelegd naar het voorbeeld van de Engelse landschapstuin, met brede lanen en schilderachtige paden. De begraafplaats telt zo'n tweehonderdduizend graven en prominente Duitse persoonlijkheden als Hans Albers, Wolfgang Borchert, Heinz Erhardt, Gustaf Gründgens en Carl Hagenbeck hebben hier hun laatste rustplaats gekregen.

Fuhlsbüttler Str., U 1, S 1, 11: Ohlsdorf

Er midddenin

Planten un Blomen F/G 5

Dit is de modeltuin van de binnenstad. Medio jaren 1930 gaf Karl Plomin de botanische tuin gestalte op de plek waar zich ooit de eerste dierentuin van

Hamburg bevond. Tegenwoordig wordt bezoekers een bloementuin, rosarium, recreatievoorzieningen en paviljoens met kuurparkatmosfeer geboden. Verder zijn er een grote plas met een waterlichtorgel, een kunstig aangelegde Japanse tuin en een grote speeltuin.
Dammtor, S 21: Dammtor

Veelzijdige groene oase
Stadtpark 🕮 H–K 1/2
Bomen, tuinen, perken, gazons – het Stadtpark heeft vele gezichten en biedt diverse recreatie- en sportmogelijkheden, waaronder een natuurplas met zwembad. Het Stadtpark werd als groene long voor de Hamburgse bevolking aangelegd. Op het 180 hectare grote terrein bevindt zich ook het in baksteen uitgevoerde **Planetarium** (Otto-Wels-Str. 1, www.planetarium-hamburg.de, demonstraties: tel. 040 42 88 65 20). Het programma omvat ook theater- en muziekuitvoeringen en hoorspelen rondom het thema universum, kosmos, planeten, oerknal et cetera.
U 3: Borgweg, Saarlandstraße

Vorstelijk bos
Sachsenwald 🕮 kaart 4
Het Sachsenwald ligt aan de oostelijke rand van Hamburg. Vooral in het weekend zoeken de stadsbewoners ontspanning in het grootste aaneengesloten bosgebied van Sleeswijk-Holstein. Keizer Wilhelm I schonk dit terrein in 1871 aan zijn rijkskanselier Fürst Otto von Bismarck; het is tot op de dag van vandaag in het bezit van de familie. Behalve pure natuur zijn er nog veel andere dingen te zien.
Het interessante **Bismarck-Museum** is ondergebracht in het mooie vakwerkhuis Altes Landhaus in Friedrichsruh, een deelgemeente van de plaats Aumühle. Hier was vanaf 1871 het domicilie van de bekende rijkskanselier en hier bracht hij ook zijn laatste levensjaren in ruste door tot zijn dood in 1898. De bezoekers krijgen de werkkamer en een groot aantal brieven, documenten, manuscripten en memorabilia te zien. In de neoromaanse kapel bevindt zich het

Waterlichtorgel in Planten un Blomen.

Bismarck-Mausoleum, waar de vorst en zijn echtgenote zijn bijgezet. Een bijzondere attractie is ook de **Garten der Schmetterlinge** op het terrein van de Schlossgärtnerei in Friedrichsruh. Fürstin Elisabeth von Bismarck heeft deze schitterende vlindertuin meer dan 25 jaar geleden ingericht in de historische kassen van de kanselier. In twee serres leven honderden inheemse en exotische vlinders te midden van evenzoveel tropische planten.

Bismarck-Museum: Friedrichsruh, Am Bahnhof 2, tel. 04104 97 71 10, www.bismarck-stiftung.de, apr.-okt. di.-zo. 10-18, nov.-mrt. di.-zo. 10-16 uur, € 4/3, prijzen museum incl. mausoleum.

Garten der Schmetterlinge: Friedrichsruh, Am Schlossteich 8, tel. 04104 60 37, www.garten-der-schmetterlinge.de, half mrt.-eind okt. dag. 10-18 uur, € 8, kinderen € 4,50.

Route: met de auto: vanuit de richting Hamburg via de A 24, richting Berlijn, afrit Reinbek of Grande. Met de S-Bahn: Met de S 21 vanaf Hamburg Hbf. naar Aumühle, vervolgens één station met de Regionalbahn naar Friedrichsruh.

Overnachten als Udo?

Maar heel weinigen zullen als Udo Lindenberg permanent in een hotel (de beroemde muzikant heeft een suite in het Atlantic) willen wonen, maar met de 37.000 bedden, die in Hamburg ter beschikking staan, vindt iedereen beslist wat. Wanneer er beurzen zijn, kan het problematisch worden om een kamer te krijgen, vooral een goedkope.

Rond de € 70 voor een tweepersoonskamer wordt als schappelijk beschouwd. Veel hotels geven kortingen, mits er dan geen groot evenement of een belangrijk congres plaatsvindt. Er zijn ook aantrekkelijke weekendarrrangementen, vaak in combinatie met een bezoek aan een theater of musical (zie hotelportals als www.hrs.de, www.trivago.de en www.hotel.de).

Een **boardinghouse** kan voor een nacht, een week, een maand of langer worden gehuurd. De suites zijn goed geoutilleerd met werkplek en keukenblok. Om de dagelijkse beslommeringen bekommeren zich een conciërge-, boodschappen-, schoonmaak- en een wasservice. In Hamburg zijn er het Clipper Elb-Lodge met uitzicht op de haven en het Hanse Clipper Haus in het centrum. Informatie: www.clipper-hotels.de

In het hart van Hamburg worden bijvoorbeeld in de Villa von Vopelius drie **appartementen** verhuurd. Een kleine oase van rust. Informatie: www.villahamburg.com

Voor **privéaccommodaties** is het bekendste portal www.airbnb.de. Ook goed is de Engelstalige site couchsurfing.com: 'Stay with locals for free' luidt de boodschap. Voorwaarde voor deze uitwisseling van gastvrijheid is een lidmaatschap in het netwerk.

Onconventioneel en casual: de Superbude.

OM ZELF TE ONTDEKKEN

Informatie over boekingen biedt de Hamburg-Hotline: tel. 040 30 05 13 51. Gespecialiseerd in de bemiddeling van onderdak bij particulieren zijn Homecompany: tel. 040 194 45, www.hamburg.homecompany.de, en bed & breakfast: tel. 040 491 56 66, www.bed-and-breakfast.de.

Alles in het rood

ARCOTEL Rubin Hamburg J 6

Centraal in St. Georg gelegen hotel. Het interieur is in robijnrode tinten uitgevoerd; vandaar ook de naam. De 217 kamers en suites bieden ultramodern comfort. De themakamers zijn verschillend ingericht. Café en restaurant met typisch Oostenrijkse en regionale kost. Voor pure ontspanning wordt gezorgd in de wellness- en fitnessruimte met sauna's, stoombad en solarium.

Steindamm 63, tel. 040 241 92 90, www.arcotel.at, U 1: Lohmühlenstraße, 1 pk/2 pk € 120, ontbijt € 22/pers.

Fris design en goedkoop

B & B Hotels C 5

B&B Hotels is in Frankrijk een bekende hotelketen. Nu is er hiervan ook een hotel in Hamburg. Fris design, mooi ingerichte kamers en veel extra's, zoals gratis parkeerplaatsen, wifi en Sky-tv, maken het hotel sympathiek. Airco en moderne geluidsisolatie in alle kamers – comfort dat in warme nachten niet te versmaden is.

Stresemannstr. 318, tel. 040 851 80 60, www.hotelbb.de, S 21: Diebsteich, 2 pk vanaf € 66, 1 pk vanaf € 56, ontbijtbuffet € 7,50/pers.

Grandioos uitzicht

Empire Riverside kaart 2, D 4

Bijna alle kamers hebben een panoramavenster tot op de vloer over de volle breedte van het muurvlak. Dit garandeert vanaf ieder punt in de kamer, vooral op de bovenste verdiepingen, een spectaculair uitzicht over haven, Elbe en stad. Op de bovenste etage bevindt zich de 20up Bar (► blz. 57).

Bernhard-Nocht-Str. 97, tel. 040 311 19-0, www.empire-riverside.de, U 3, S 1, S 3, Landungsbrücken, 1 pk/2 pk € 130-349, ontbijt € 22/pers.

Als op volle zee

Das Feuerschiff kaart 2, E 5

Het kan bijna niet maritiemer. Het lichtschip ligt vast in de Hamburgse jachthaven en biedt de voormalige bemanningshutten als overnachtingsmogelijkheid aan. Vroegtijdig reserveren is gewenst, want er zijn maar zes eenpersoons- en tweepersoonskajuiten plus de kapiteinskajuit beschikbaar. Er is ook een restaurant aan boord; op het menu prijkt het hele jaar door heerlijke vis in diverse variaties.

City-Jachthafen am Baumwall, tel. 040 36 25 53, www.das-feuerschiff.de, U 3: Baumwall, 2 pk € 100, 1 pk € 65, incl. ontbijt

Indrukwekkende architectuur

Gastwerk B 5

Aan de buitenkant veel Noord-Duitse baksteen in combinatie met glas, van binnen louter design. Toch is de sfeer beslist niet koud en onpersoonlijk.
Een designhotel par excellence, waar nu niets meer doet denken aan de voormalige kolenopslagplaats van de gasfabriek van Altona. Het hotel heeft 141 kamers, lofts en suites alsmede een restaurant, bar en wellnessafdeling.

Beim alten Gaswerk 3, tel. 040 89 06 20, www.gastwerk-hotel.de, S 1, 11: Bahrenfeld, 2 pk € 110-260

Engelse atmosfeer

The George Hotel J 5

Engels met een vleugje dolce vita. Het George Hotel bevindt zich midden in de trendy wijk St. Georg op een steenworp afstand van de Außenalster. De bar DaCaio opent in de zomermaanden het dakterras met een prachtig uitzicht op de stad.

Barcastr. 3, tel. 040 280 03 00, www.thegeorge-hotel.de, U 1, Lohmühlenstr., 2 pk vanaf € 165, 1 pk vanaf € 155, ontbijtbuffet € 18/pers.

Retro with a twist

Henri Hotel kaart 2, H 3

Centraal gelegen in de binnenstad, de winkelstraat Mö is direct om de hoek. Elke kamer is zeer stijlvol en met veel liefde voor detail ingericht. Hoewel het hotel pas in 2013 is geopend, is het in een retrostijl van de jaren 1960 aangekleed. Het ademt een prettige sfeer.

Bugenhagenstr. 21, tel. 040 554 35 75 57, www.henri-hotel.com, U3: Mönckebergstr. 1 pk vanaf € 98, 2 pk vanaf € 118, ontbijtbuffet € 15/pers.

Mooie retrolook

Hotel 25 hours B 5

De kamers zijn ingericht in de stijl van de jaren 1960 en 70. Structuurbehang, zichtbeton en veel glanzend wit gecombineerd met klassieke designmeubels. De kamers voor verschillende wensen en budgetten hebben een tweepersoonsbed, douche/wc, tv en gratis wifi.

Paul-Dessau-Str. 2, tel. 040 85 50 70, www.25hours-hotel.com, S 1, 11: Bahrenfeld, € 75-135, gasten van onder de 25 krijgen korting, ontbijtbuffet € 14/pers.

Very British

Hotel Miramar J 5

De naam is misleidend: dit kleine (elf kamers) maar fijne en door een familie gerunde hotel is zeer Brits. De eigenaren Ann en Andie Broadhurst hebben een vleugje Engelse levenstijl meegebracht naar Hamburg. Opgewekte kleuren, veel zilver en antiquiteiten verrassen de bezoeker. Er wordt desgewenst anti-allergisch beddengoed verstrekt. Het ontbijtbuffet is echter helemaal niet Engels, maar continentaal en uitstekend.

Armgartstr. 20, tel. 040 51 90 09 40, www.hotelmiramar.de, U 3: Uhlandstraße, 2 pk € 120, 1 pk € 90, incl. ontbijtbuffet

Slapen in een toren

Mövenpick Hotel Hamburg F 5

In een voormalige watertoren uit de 19e eeuw is het Mövenpick Hotel Hamburg (vier sterren) gehuisvest. Architectuurenthousiasten komen hier volledig aan hun trekken. Het oude gebouw is zorvuldig gerestaureerd en het schittert nu met geraffineerd, tijdloos design. De imposante toren heeft op 16 verdiepingen 226 moderne kamers, waar niet gerookt mag worden. Decente tinten zorgen voor een prettige atmosfeer. Alle kamers bieden een onvergetelijk uitzicht over de stad.

Sternschanze 6, tel. 040 334 41 10, www.moevenpick-hamburg.com, U 3/S 31: Sternschanze, 2 pk vanaf € 150, ontbijt € 23/pers.

Dicht bij de Alster

Hotel Schwanenwik J 5

Een vrij klein hotel in het hart van Hamburg, met de Alster pal om de hoek. Prettige sfeer en schappelijke prijzen. De achttien kamers zijn modern ingericht met kabel-tv, telefoon en wifi. Met het zeer gevarieerde ontbijtbuffet met uitzicht op de Alster begint de dag al goed.

Schwanenwik 29, tel. 040 220 09 18, www.hotel-schwanenwik.de, bus 6 tot Mundsburger Brücke, 2 pk € 82, 1 pk € 54 (douche op de gang), 2 pk € 116, 1 pk € 88 (douche/wc), ontbijtbuffet incl.

Hard, maar hartelijk

Seemannsheim Krayenkamp

kaart 2, E 4

Wie altijd al eens een echt zeemanshuis van binnen wilde zien, is hier aan het juiste adres. In dit huis kunnen ook landrotten een kooi voor de nacht vinden. Het Seemannsheim Hamburg heeft 83 eenvoudig gemeubileerde kamers. Ze hebben allemaal een wastafel, telefoon en tv; de beste kamers hebben bovendien douche en wc. In het restaurant wordt goedkoop middageten klaargemaakt voor iedereen.

Krayenkamp 5, tel. 040 370 96-0 en -101, www.seemannsheim-hamburg.de, S 1: Stadthausbrücke, 2 pk € 74-86, 1 pk € 41-53, incl. ontbijt

Design voor verwende gasten

Side kaart 2, F 2

Het designhotel met vijf sterren bevindt zich in de nabijheid van de Binnenalster. Voor de architectuur is Jan Störmer verantwoordelijk, de Italiaanse architect, en ontwerper Matteo Thun belastte zich met het interieur. De 178 kamers en suites zijn modern ingericht, comfortabel en voorzien van de nieuwste technische snufjes. Op de achtste verdieping is een dakterras. Het [m]eatery-restaurant in het gebouw serveert sensationele steaks.

Drehbahn 49, tel. 040 30 99 90, www.side-hamburg.de, U 1: Stephansplatz, 1 pk/2 pk vanaf € 160, ontbijtbuffet € 24/pers.

Super easy going nachtverblijf

Superbude J 6 (St. Georg), E 5 (St. Pauli)

Wie het onconventioneel en easy going wenst, is hier op de juiste plek. Slaap-

Retrolook in het 25hours Hotel, HafenCity.

zalen en aparte kamers; bovendien is er gratis wifi en zijn er een keuken en bioscoop voorhanden.

Keuze uit twee locaties: (St. Georg) Spaldingstr. 152, tel. 040 380 87 80, S 1: Berliner Tor en (St. Pauli) Juliusstr. 1-7, U 3/S 21: Sternschanze, www.superbude.de, 2 pk vanaf € 60, nacht + backpackerbedden vanaf € 16

Liefdevol interieur

Village J 6

Het hotel bevindt zich in de levendige stationswijk. De twintig kamers met veel pluche getuigen van een frivole tijd. Sommige hebben grote spiegels en kristallen kroonluchters. Geen wonder, want deze vertrekken boden ooit onderdak aan het chicste bordeel van Noord-Duitsland. Gewild bij kunstenaars en trendy publiek.

Steindamm 4, tel. 040 480 64 90, www.hotel-village.de, U 1, 3: Hauptbahnhof-Süd, 2 pk € 68-105, 1 pk € 50-85, incl. ontbijtbuffet, koffie wordt 24 uur gratis geschonken

Heel eenvoudig

YoHo – The Young Hotel E 4

De naam van deze gelegenheid geeft het eigenlijk al een beetje aan: wie nog geen 26 jaar is, krijgt korting. Dat is niet onopgemerkt gebleven, want de oude villa heeft voornamelijk jonge en jong gebleven gasten. Dertig kamers met een tijdloze inrichting. Gratis parkeerplaats en dito wifi in het hele gebouw. Pal naast het populaire restaurant Mazza.

Moorkamp 5, tel. 040 284 19 10, www.yoho-hamburg.de, U 2: Christuskirche, 2 pk € 119, 1 pk € 89, ontbijt € 12/pers., youngrate minus € 20-25

Gastronomisch hoogtepunt van het noorden

In Hamburg zijn culinaire hoogstandjes geen zeldzaamheid. De Guide Michelin heeft talrijke toprestaurants in de stad met zijn begeerde sterren beloond. Maar het hoeft natuurlijk niet altijd een ster te zijn, want de stad is vol eetgelegenheden die ook zonder ster uitstekende kost aanbieden.

In het Grindelviertel, met zijn vele studenten, zit het ene café naast het andere. In de wijk zijn ook tal van goedkope eetgelegenheden gevestigd. Ook St. Pauli is altijd goed wat horeca betreft. Het oudste Italiaanse restaurant van de stad, Cuneo, zit hier al meer dan honderd jaar.

Wie van de Portugese keuken houdt, kan zich laten verwennen in de Portugese wijk vlak bij het U-Bahnstation Baumwall. Hier moet je voor een tafel zo nu en dan in de rij staan.

Hamburgers ontbijten graag en doen dit steeds vaker in de talrijke cafés van de stad.

En aan vis komt sowieso niemand voorbij. Of het nu gaat om haring, schol of gebakken vis, in een chic restaurant of bij een kraam op de vismarkt – zowel toeristen als de Hamburgers genieten volop van de versgevangen waar.

Eveneens zeer geliefd zijn de locaties met uitzicht op de Alster: met een mooi uitzicht schijnt het eten dubbel zo goed te smaken.

Overigens: bijna alle restaurants bieden een goedkope lunch aan.

Fillet of Soul in de Deichtorhallen.

OM ZELF TE ONTDEKKEN

Het is bekend dat in Hamburg de nachten lang zijn. Dan kan het voorkomen dat je een versterkende maaltijd nodig hebt. Rondom de Reeperbahn zitten naast burgertenten ook nog andere gelegenheden die warm eten aanbieden. Ook goed is **Erika's Eck** in het Schanzenviertel. Een echte klassieker voor nachtelijke maaltijden is **Gestern und Heute** in de Kaiser-Wilhelm-Straße: hier wordt 24 uur per dag stevige kost opgediend. Het *bauernfrühstück* in de vroege ochtend is niet alleen bij Hamburgse taxichauffeurs razend populair.

ZO BEGINT EEN GOEDE DAG IN HAMBURG

Logeplaats bij elk weertype

Arkaden-Café kaart 2, G 3

Op het terras in de Alsterarkaden heb je een logeplaats met uitzicht op het aan de buitenkant opgeknapte stadhuis. De taarten en het gebak komen uit de eigen banketbakkerij; de kwarktaart is een absolute aanrader. Het café is weliswaar gerenoveerd, maar heeft zijn nostalgische charme behouden. Vriendelijke bediening, die ook graag tegemoet komt aan speciale wensen. De hele dag wordt er ontbijt geserveerd.

Alsterarkaden 9-10, tel. 040 35 76 06 30, www.arkaden-cafe.de, U 4/S 1: Jungfernstieg, ma.-zo. 9-19 uur, ontbijt vanaf € 6,80

Oergezellig

Café Lindtner G 2

Al meer dan vijftig jaar biedt Lindtner hier in Eppendorf een tearoomatmosfeer, die je eigenlijk alleen in Wenen zou verwachten. Gezellige inrichting en uitstekende bediening. Het taartenassortiment is enorm en de lekkernijen zijn smaakvol gedecoreerd. Weerstand bieden is zinloos. In de zomermaanden kun je ook in de kleine tuin terecht.

Eppendorfer Landstr. 88, tel. 040 480 60 00, www.konditorei-lindtner.de, U 1, 3: Kellinghusenstraße, ma.-za. 8.30-20, zo. 10-19 uur

Palazzo grande

Mercier und Camier in het Literaturhaus J 4

Behalve taart worden ook kleine gerechten vanaf € 9,50 geserveerd. Ideaal gelegen aan de Außenalster. Het is hier bijzonder goed toeven, want de vertrekken mogen er zijn. De prachtige feestzaal doet denken aan een Romeins palazzo. Hier zijn vaak literaire bijeenkomsten (www.literaturhaus-hamburg.de).

Schwanenwik 38, tel. 040 220 13 00, www.merciercamier.de, bus: 6 tot Mundsburger Brücke, di.-vr. 9-24, za. 10-24, zo. 10-18 uur. di.-vr. tot 12, za./zo., feestdagen tot 15 uur ontbijt à la carte

Topkwaliteit

Stadtbäckerei kaart 2, F 2

Bakkerij met groot café pal aan de Gänsemarkt. Grootste variëteit aan belegde broodjes van de stad. Ook versgebakken ouderwetse taart geniet grote populariteit. Jarigen vallen in de prijzen, want op vertoon van hun identiteitskaart krijgen ze op kosten van het huis een ontbijt naar keuze aangeboden. De firma heeft diverse filialen in de stad, hier is het moederbedrijf.

Am Gänsemarkt 44, tel. 040 35 52 50 50, www.stadtbaeckerei-am-gaensemarkt.de, U 2: Gänsemarkt, ma.-vr. 6-20.30, za. 6-20, zo. 9.30-17 uur, ontbijt tot 12 uur vanaf € 3

SUMMER IN THE CITY

Ook in Hamburg kunnen in de zomermaanden de temperaturen hoog oplopen. Zeker dan zitten de ijscafés bomvol. Hier volgt een selectie van interessante adressen: **Eiscafé Dante**, Eppendorfer Weg 269; **Eiscafé am Poelchaukamp**, Poelchaukamp 3; **Eiscafé Triboli**, Lange Reihe 47; **Eiszeit** (topper is de soort Kalter Hund), diverse locaties.

Tearoomatmosfeer

Weltbühne kaart 2, H 3

Hier hangt de sfeer van een elegante tearoom uit de jaren 1930; het patina ontbreekt natuurlijk nog, want het restau-

rant bestaat pas sinds 2011. Middageten 12-15 uur, avondkaart vanaf 18 uur. Groot terras voor de deur met leuk uitzicht op de Gerhart-Hauptmann-Platz. Pal ernaast bevindt zich het Thalia Theater.
Gerhart-Hauptmann-Platz 70, tel. 040 30 39 32 50, www.weltbühne.net, U 3: Mönckebergstraße, dag. 9-23 uur

DUURZAAM ETEN

Ambitieus en veganistisch
Alohachérie E 5

De ambitie van de uitbaters is groot. Alohachérie moet het eerste veganistische sterrenrestaurant worden. Regionale Duitse klassiekers worden in een nieuwe vorm gegoten en gecombineerd met mediterrane invloeden – en met veel liefde voor details bereid. Dat levert prachtige tongstrelende gerechten op. Ook de kookcursussen die hier worden gegeven, vallen in de smaak.
Weidenallee 2A, tel. 040 73 05 17 33, www.alohacherie.de, U 3/S 31: Sternschanze, ma.-za. vanaf 12, zo. vanaf 11 uur veganistisch ontbijt

Eersteklas vangst
Alt Hamburger Aalspeicher
kaart 2, F 4

Een schilderachtig restaurant in de Deichstraße, waar alles klopt: het romantische uitzicht op de Elbfleet, de onvervalste Hamburgse gemoedelijkheid en de eersteklas regionale keuken. En wie kan exquise Hamburgse krabbensoep met een toefje room, knapperig gebraden paling met appelmoes en spek en huisgemaakte *rote grütze* versmaden?
Deichstr. 43, tel. 040 36 29 90, www.aalspeicher.de, U 3: Rödingsmarkt, dag. 12-24 uur, hoofdgerecht ca. € 20

In het abattoir
Bullerei E 5

In de historische veehallen van het oude abattoir in het Schanzenviertel is sinds 2009 het restaurant van topkok Tim Mälzer en zijn partner Patrick Rüther gevestigd. De media besteden er veel aandacht aan; geen wonder dat de zaak iedere dag vol zit. De Noord-Duitse gerechten met mediterrane invloeden zijn van hoge kwaliteit. Deli biedt verse en vegetarische kost voor schappelijke prijzen.
Lagerstr. 34b, tel. 040 33 44 21 10, www.bullerei.de, U 3/S 31: Sternschanze, restaurant ma.-za. 18-22.30, zo. 17-20 uur, Deli vanaf 11 uur, hoofdgerecht ca. € 25

Nieuwe Duitse keuken
Küchenfreunde F 3

Altijd druk bezocht. Daarom is het niet zo eenvoudig hier een plaats te krijgen. De kwaliteit van de huisgemaakte gerechten is ook werkelijk top. Veel ingrediënten zijn afkomstig uit de regio; herkomst en duurzaamheid zijn belangrijk voor de eigenaren en gasten. Salades, vlees en vis, ruime keus aan wijnen.
Lehmweg 30, tel. 040 49 02 19 65, www.kuechenfreunde.net, U 3: Eppendorfer Baum, ma.-vr. 12-24, za. 17-24 uur, hoofdgerecht ca. € 20

Biologisch
Schanzenstern E 5

Restaurant met diverse vegetarische gerechten; maar ook vlees- en visspecialiteiten. De groente is biologisch geteeld en het vlees is van dieren die op een verantwoorde manier volgens Demeter- of Biolandrichtlijnen hebben kunnen opgroeien.
Bartelsstr.12, tel. 040-439 84 41, www.schanzenstern.com, U 3/S 31: Sternschanze, ma. 17-24, di.-do. 7.30-24, vr./za. 7.30– 1, zo. 11-24 uur, lunch € 7,40

VIS

Ook al ligt de stad niet pal aan zee, toch zijn Hamburg en vis nauw aan elkaar verwant. De traditionele visgastronomie, in de praktijk gebracht in tal van goede visrestaurants, is snel en gemakkelijk op te sporen aan de Elbe en in de haven. Het **Fischereihafen-Restaurant** biedt uitstekende gerechten; en **Rive**, daar vlakbij, een fantastisch uitzicht op de haven

Mälzers Bullerei zit in de historische veehallen van het oude abattoir.

Verfijnde kost
Tassajara F/G 2

Ovolactovegetarisch. Hier wordt kwaliteitskost met Aziatische invloeden opgediend. Er wordt uitsluitend met biologische producten gekookt. Het restaurant is al meer dan 30 jaar op deze locatie gevestigd, een bewijs voor de gastronomische kwaliteit binnen het snel wisselende bestand van eetgelegenheden in Eppendorf.

Eppendorfer Landstr. 4, tel. 040 48 38 90, www.tassajara.de, U 3: Eppendorfer Baum, ma.-za. 11.30-23 uur, hoofdgerecht ca. € 13

Nieuwe Duitse keuken
Vesper's E 4

Midden in Eimsbüttel biedt Vesper's uitstekende kost voor een zeer schappelijke prijs. Pasta vanaf € 11, rumpsteak met bijgerecht voor € 14. Ook de pizza's zijn niet te versmaden. Er heerst bovendien een heel prettige sfeer. Bij mooi weer zijn de tafels voor het restaurant zeer in trek om te zonnebaden en te ontbijten.

Osterstr. 10, tel. 040 491 73 55, www.restaurant-vesper.de, U 2: Christuskirche, ma.-vr. 9.30-22, za., zo. 11-22 uur, hoofdgerecht vanaf € 13

KLASSIEKERS EN HIPPE ZAKEN

Grote porties
Abaton Bistro G 4

Voor of na een bezoek aan de gelijknamige bioscoop om de hoek kun je hier de inwendige mens versterken. Op de kaart staan heerlijke gerechten als wienerschnitzel van het kalf met komkommer-aardappelsalade. Smaakt bijzonder goed.

Grindelhof 14a, tel. 040 45 77 71, www.abaton-bistro.de, bus: 4, 5 naar Grindelhof, ma.-vr. 9.30-1, za., zo. 12-24 uur, hoofdgerecht ca. € 10

Rustieke sfeer
Altes Mädchen F 5

Rustiek, maar toch modern gaat het toe in het brouwerijcafé Altes Mädchen. De zithoek bij de open haard wordt veel gebruikt door de gasten en er kan worden gekozen uit meer dan 60 biersoorten uit alle delen van de wereld. Een biersommelier adviseert bij de keuze van de soort die het beste bij de gerechten (vanaf € 12) zou passen. Dit zijn bijvoorbeeld het in kleine schaaltjes opgediende *Abendbrot*, *Heimat* (Büsumer garnalen, haring ...), *Dicke Hose*

Reserveren aanbevolen: Cuneo.

(getruffeld ei en dubbele kotelet ...), *Fischmarkt* (gerookte paling, zalm ...), *Wo die Sonne aufgeht* (tandoori linzen, kip ...) of *Ganz weit im Süden* (antipasti).

Lagerstr. 28 B (Schanzen-Höfe), tel. 040 800 07 77 50, www.altes-maedchen.com, U 3/ S 31: Sternschanze, ma.-do. 12-1, vr., za. 12-2, zo. 10-1 uur

Modern mediterraan

Mama Trattoria F 2/3

Legendarische ruimtes waar muziekgeschiedenis werd geschreven, want in de jaren 1970 boden ze onderdak aan Onkel Pö, epicentrum van de Hamburgse scene. Van dat illustere verleden van deze eetgelegenheid op een hoek is echter niets meer te bespeuren: Tegenwoordig worden er bij Mama Trattoria mediterrane gerechten van goede kwaliteit en gevarieerde voorgerechten bereid. Probeer als desert maar eens pizza fina con cioccolato, een dunne pizza met chocoladecrème.

Lehmweg 44, tel. 040 24 43 87 97, www.mama.eu, U 3: Eppendorfer Baum, dag. 11.30-23.30 uur

Cucina Tradizionale

Cuneo kaart 2, C 4

Cuneo is een begip. Het restaurant, midden in de rosse buurt, was de eerste Italiaan in de stad, geopend in 1905. De keuken laat niets te wensen over en ook de service is heel goed. Mediamensen en de Hamburgse incrowd zijn hier kind aan huis. Reserveren is aan te bevelen

Davidstr. 11, tel. 040 31 25 80, www.cuneo1905.de, U 3: St. Pauli, ma.-za. 18-2 uur, hoofdgerecht ca. € 15

Schitterend uitzicht op de haven

Au Quai C 7

Alleen al voor het uitzicht op de haven en de Elbe is het de moeite waard om hier naartoe te komen. Voor het culinaire genot zorgt de mediterrane keuken. Trendy en jong gebleven publiek bevolkt op zwoele zomeravonden het panoramaterras.

Große Elbstr. 145 B–D, tel. 040 38 03 77 30, www.au-quai.de, S 1: Reeperbahn, ma.-vr. vanaf 12, za. vanaf 18 uur tot open end, hoofdgerecht ca. € 25

Plenty gebakken aardappelen

Brodersen G 5

Ze zijn er nog, de kroegen waar Noord-Duitse gerechten in een traditionele omgeving worden opgediend. Brodersen is zo'n locatie: klassieke Hamburgse keuken met gebakken aardappelen, labskaus, zuurvlees, garnalensoep en rumpsteak (vanaf € 14). In de wintermaanden zijn er ook de

Noord-Duitse boerenkoolgerechten, die met een borrel worden weggespoeld.
Rothenbaumchaussee 46, tel. 040 45 81 19, www.restaurant-brodersen.de, U 1: Stephansplatz, ma.-vr., zo. 12-23, za. 17-23 uur

Altijd drukbezocht
Da Donato kaart 2, G 2
De familiaire atmosfeer, de voortreffelijke menukaart en de schappelijke prijzen worden door de gasten zeer gewaardeerd. In de zomer biedt het terras in de voetgangerszone onder de grote parasols plaats aan vijftig personen. Un poco d'Italia in Amburgo.
Colonnaden 47, tel. 040 35 71 34 80, U 1: Stephansplatz, ma.-vr. 12-15, 17.30-22.30, za. 12-22.30 uur, hoofdgerecht vanaf € 11

Huiskamersfeer
Deichgraf kaart 2, F 4
Het populaire restaurant is in historische vertrekken ondergebracht. Hier komen Noord-Duitse gerechten en Hamburgse specialiteiten op tafel. Behoorlijk prijzig, maar de kwaliteit is dan ook uitstekend.
Deichstr. 23, tel. 040 36 42 08, www.deichgraf-hamburg.de, U 3: Rödingsmarkt, di.-vr. 12-15, 17.30-22, za. 17-23 uur, hoofdgerecht ca. € 20

De pizza's zijn beroemd
Eisenstein C 6
De tijd dat de punks uit de buurt hier ook nu en dan rondhingen, is al lang voorbij. Gebleven is de altijd nog beste zalmpizza van Hamburg: *Helsinki*, met of zonder uien. 's Middags veel mediavolk uit de buurt, later meer een gemengd publiek. 's Avonds dien je hier vroeg naartoe te gaan om verzekerd te zijn van een tafel. Dan hoef je niet in een lange rij te gaan staan.
Friedensallee 9, tel. 040 390 46 06, www.restaurant-eisenstein.de, S 1: Altona, dag. 11-1 uur, pizza's ca. € 12

Topper in de wijk
L'espresso bar G 4
De restaurantdichtheid in de buurt van de universiteit is hoog, juist hier in de Grindelhof. De L'espresso bar is bij velen de favoriet. Altijd vriendelijke bediening, ook als de zaak maar weer eens stampvol zit. In de zomer zijn er meer plaatsen op het terras. Zeer goede prijs-kwaliteitsverhouding; de lunch is gewoonweg onovertroffen, beter kan niet.
Grindelhof 45, tel. 040 44 79 89, www.lespresso-bar.de, U 1: Stephansplatz, dag. 12-24 uur, lunch ca. € 7, hoofdgerecht vanaf € 9

Stijlvolle zaal
Peter Pane J 5
De in 1887 gebouwde gymnastiekzaal van een meisjesschool is enkele jaren geleden verbouwd tot een restaurant. Tegenwoordig worden hier gegrilde gourmetburgers in diverse smaakrichtingen bereid, bijvoorbeeld met Bernsteinkaas en babyspinazie. Ook vegetarische en veganistische varianten.
Lange Reihe 107, tel. 040 28 00 85 35, www.paterpane.de/restaurants/hamburg/turnhalle, U 3/S 3: Hauptbahnhof, dag. 11 uur tot open end. gerechten ca. € 8, menu ca. € 13

O OVERIGENS

De trend is overgewaaid uit de Verenigde Staten. Gedurende de economische crisis in 2008 pasten restaurantbezoeken dikwijls niet meer in het budget. Vooral jonge koks werden toen werkloos en zochten naar alternatieven. Er ontstond de **Food Truck Bewegung**, die goed eten voor betrekkelijk weinig geld aanbiedt.
Ook in Hamburg boomt het eten op wielen. De mobiele food trucks hebben echter met de snackwagen uit de dagen van weleer vrijwel niets gemeen. Het assortiment aan etenswaar is uitgebreid en varieert van wagen tot wagen. De trucks zijn te vinden op festivals en op pleinen, waar zich 's middags kantoorpersoneel ophoudt. Locaties en andere informatie op www.food-trucks-hamburg.de.

Noord-Duits: de Oberhafen-Kantine.

Voor carnivoren

Schlachterbörse E/F 5

Het eenvoudige restaurant was oorspronkelijk de eetgelegenheid van de slagers van het aangrenzende abattoir. De stukken vlees zijn gigantisch en heel smakelijk. Diverse aardappelbijgerechten.

Kampstr. 42, tel. 040 43 65 43, www.schlachterboerse.de, U 3/ S 21: Sternschanze, ma.-za. 16-24 uur, soep vanaf € 6,50, t-bonesteak € 33,50

EXPERIMENTEEL EN ONGEWOON

Fusionkeuken

East Restaurant und Bar kaart 2, C 3

De ambiance van het in Hotel East gevestigde restaurant heeft wereldstadniveau en de eetgelegenheid is absoluut bezienswaardig. De fusionkost in Euro-Aziatische stijl mag er zijn, maar is ook niet bepaald goedkoop.

Simon-von-Utrecht-Str. 31, tel. 040 30 99 33, www.east-hamburg.de, U 3: St. Pauli, ma.-vr. 12-15, zo.-do. 18-23, vr./za. 18-24 uur, hoofdgerecht ca. € 25

Kwaliteitsworst

Edelcurry kaart 2, F 3

Hier hebben ze curryworst en friet met saus die heel lekker is. De kwaliteitsworst komt uit Noord-Duitse slachting en de aardappelen voor de friet zijn handgesneden. Het idee om het worstgerecht stijlvol op te dienen, komt oorspronkelijk uit Düsseldorf. Niettemin valt het bij de Hamburgers in de smaak.

Große Bleichen 68, tel. 040 35 71 62 62, www.edelcurry.de, U 2: Gänsemarkt, ma.-za. 11-22, zo. 12-20 uur, worst met friet ca. € 7

Familierestaurant

Daniel Wischer kaart 2, H 3

Degelijk en familievriendelijk sinds 1924. Wie na het winkelen hier in de buurt goed en goedkoop vis wil eten, kan niet om deze eetgelegenheid heen. Geniet hier onder het genot van een biertje van de overheerlijke vis met friet of aardappelsalade.

Große Johannisstr. 3, tel. 040 36 09 18 88, www.danielwischer.de, U 3: Rathaus, ma.-za. 11.30-22 uur, hoofdgerecht ca. € 12

MUSEUMKOST

Het ligt voor de hand dat in Hamburgse musea schatten uit verleden en heden te bewonderen zijn. Daar zijn ook vaak gastronomische juweeltjes te vinden, die zich onderscheiden door hun ligging of gerechten. Zo is bijvoorbeeld **Café Liebermann** in de Hamburger Kunsthalle ondergebracht. Ook de Galerie der Gegenwart heeft een **bistro**. Van hieruit heb je een fantastisch uitzicht op de Binnenalster. In het Hamburg Museum bevindt zich op de overdekte binnenplaats **Restaurant Fees**, dat kan pronken met een uitstekende keuken. In het Museum für Kunst und Gewerbe biedt de **Destille** eenvoudige, stevige kost in een 19e-eeuwse ambiance.

Licht en gezond

HanoiDeli F2

Vers en smakelijk is het hier bereide eten uit de Vietnamese keuken. Op het menu staan onder andere kleine voorgerechten, zoals de loempia en de zomerrol, of klassiekers als de phosoep. En ook de door het publiek geprezen kostelijke rijstgerechten.

Eppendorfer Baum 47, tel. 040 35 58 48 53, www.hanoideli.de, U 3: Eppendorfer Baum, ma.-do. 11-22, za. 12-22, zo. 13-22 uur. Een andere filiaal in de buurt van het stadhuis (Schauenburger Str. 55, tel. 040 22 61 31 67, ma.-za. 11-22, zo. 11-21 uur). hoofdgerecht ca. € 8

Oriëntaalse sfeer

Saliba kaart 2, G 3

Genieten van Syrische cuisine met uitzicht op de Alster. Gezellige inrichting met een exotische, oriëntaalse uitstraling. De fantastisch gekruide gerechten vallen vooral in de smaak bij gezondheidsbewuste genieters en vegetariërs. Een absolute aanrader zijn *mezze*, kostelijke voorgerechten (vanaf € 13,50).

Neuer Wall 11/Alsterarkaden, tel. 040 34 50 21, www.saliba.de, U 1/S 1: Jungfernstieg, dag. 12-23 uur, 's middags 3-gangenmenu € 21,50

Krom en scheef

Oberhafen-Kantine kaart 2, J 5

Oorspronkelijk diende de keuken in het kleine en inmiddels zeer scheve baksteengebouw als kantine voor de havenarbeiders. De in 1925 gebouwde OHK werd gesaneerd en in 2006 weer in gebruik genomen. De keuken is traditioneel Noord-Duits met producten uit de omliggende regio's en duurzame landbouw. Het Oberhafen-Kantinen-Abendbrot op een grote houten plank bestaat uit warme en koude specialiteiten. Een smakeljke doorsnee uit de keuken voor € 27,50.

Stockmeyerstr. 39, tel. 040 32 80 99 84, www.oberhafenkantine-hamburg.de, U 1: Messberg, Di 17-22, wo.-za. 12-22, zo. 12-17.30 uur, hoofdgerecht ca. € 16

Back to the Fifties

Tankstelle Brandshof K 8

Oldtimervrienden zullen het hier naar hun zin hebben. Het Gasolintankstaton laat de bezoeker een reis maken naar de jaren 1950. Veel is nog origineel uit die tijd, sommige dingen zijn behoedzaam gerestaureerd. In het 'Erfrischungsraum' worden snacks en dranken aangeboden. De menukaart is te overzien, ontbijt is er vanaf 4 uur 's morgens.

Billhorner Röhrendamm 4, tel. 040 78 25 64, www.tankstelle-brandshof.de, Metrobus 3, ma.-vr. 4-18, za., zo. 11-17 uur, lunch ca. € 8

Het was ooit een geheime tip, nu is reserveren gewenst: East Restaurant.

Winkelparadijs – van mode tot vis

OM ZELF TE ONTDEKKEN

Wie op zoek is naar aparte, creatieve kleding of souvenirs, kan op onderzoek uitgaan in wijken als **St. Pauli** (Reeperbahn), **St. Georg** (Lange Reihe), **Ottensen** (Bahrenfelder Straße, Ottenser Hauptstraße) of het **Schanzenviertel** (Schanzenstraße, Schulterblatt). Vooral in de laatstgenoemde wijk is aparte mode te vinden. Veel alternatieve, bijzondere en tweedehandsspullen worden ook in het **Karolinenviertel** (Marktstraße) aangeboden.

Exquise en in de regel dure kleding en spullen bieden de wijken **Eppendorf** (Eppendorfer Landstraße, Eppendorfer Baum), **Winterhude** (Mühlenkamp, Poelchaukamp en Gertigstraße) en **Uhlenhorst** (Papenhuder Straße).

'We gaan de stad in.' Hamburgers verbinden met deze zin automatisch shoppen in de winkelstraten van de binnenstad. De meeste grote warenhuizen en boetiekketens bevinden zich in de Mönckebergstraße en Spitalerstraße en de kleine, chique zaken en boetieks hoofdzakelijk binnen de driehoek Jungfernstieg, Neuer Wall en ABC-Straße. Daarnaast zijn hier met een lengte van zo'n 4 km de overdekte winkelpassages en warenhuizen te midden van de typische Hamburgse kontorhäuser. Hamburg heeft het dichtste net van overdekte winkelpassages van Duitsland – wellicht heeft het spreekwoordelijke typische Hamburgse kwakkelweer daarmee te maken. Die bevinden zich tussen Neuer Wall, Gänsemarkt en Colonnaden. De grootste overdekte shoppingmall van Hamburg in de binnenstad is de Europa-Passage aan de Ballindamm. Dat omvang niet alles is, bewijst de Mellin Passage aan de Neuer Wall. De kleinste en oudste nog bestaande passage van Hamburg is met zekerheid ook de mooiste. Voor delicatessen, wijn of verse vis kun je in vrijwel alle delen van de stad terecht. Juist de vele kleine en creatieve winkels laten niets te wensen over.

Wie een souvenir uit de stad mee wil nemen, zou eens kunnen denken aan een aflevering van een misdaadfilm (bijvoorbeeld Tatort) die zich in Hamburg afspeelt of een soundtrack van een van de populaire musicals.

Heerlijke zoetigheid bij Mutterland.

MUZIEK

Let it rock
Michelle Records kaart 2, H 3
Deze zaak bestaat al meer dan dertig jaar en heeft de flair van vroegere platenwinkels weten te behouden. Grote collectie lp's en cd's, veel zeldzame collector's items. De etalageconcerten zijn de moeite waard.
Gertrudenkirchhof 10, U 3: Mönckebergstraße

DELICATESSEN EN LEVENSMIDDELEN

Alles voor de keuken
Cucinaria F 3
Een mekka voor hobbykoks en genieters. Hier is vrijwel alles te vinden wat met koken te maken heeft, zoals espressoapparaten, messen, pannen, kruiden en literatuur. Het assortiment omvat meer dan zesduizend artikelen voor de keuken die door vakkundig personeel worden verkocht. In het bijbehorende café kan onder het genot van een latte macchiato een pauze worden ingelast.
Straßenbahnring 12/Falkenried, U 3: Hoheluftbrücke, ma.-vr. 10-19, za. 10-18 uur

Enorm assortiment
Craft Beer Store F 5
Ook eens wat goeds uit de Verenigde Staten: de Craft Beer-beweging heeft daar haar oorsprong en al een grote schare fans. Kleine ondernemers brouwen volgens ambachtelijke traditie bierspecialiteiten, die die vaak alleen regionaal verkrijgbaar zijn. De store in het Schanzenviertel heeft meer dan 300 soorten in voorraad, waaronder bijzondere buitenlandse, waar je aan moet wennen, maar die behoorlijk verslavend zijn.
Lagerstr. 30a (Schanzen-Höfe), U 3/S 3: Sternschanze, ma.-za. 12-20 uur

Topkwaliteit
Mutterland kaart 2, J 2
Dat deze zaak in 2009 is uitgeroepen tot winkel van het jaar is heel begrijpelijk. Mutterland heeft een groot assortiment Noord-Duitse delicatessen en op traditionele wijze geproduceerde levensmiddelen. Alles in mooie verpakkingen, want zoals bekend wil het oog ook wat. In het cafégedeelte kan de klant de lekkernijen meteen proeven. Vanwege het grote succes zijn er filialen in de Poststraße en in Eppendorf.
Ernst-Merck-Str. 9, U 3/S 3: Hauptbahnhof, ma.-za. 8-21, zo. 9-18 uur (café)

Lekkers uit alle werelddelen
Oschätzchen kaart 2, F 2
De zaak is naar antiek Zweeds voorbeeld ingericht. De ruime keuze aan chocoladespecialiteiten is legendarisch. Daarnaast hebben ze een omvangrijk assortiment aan oliën en azijnen, pasta's en pesto's, kruiden en thee- en koffiesoorten. een plek voor iedereen die een zwak voor schoonheid bezit. Behalve het moederbedrijf in de Hohe Bleichen is er ook een filiaal in het Alsterhaus.
Hohe Bleichen 26, U 2: Gänsemarkt, ma.-vr. 10-19, za. 10-18 uur

KUNST- EN VLOOIENMARKTEN

Labyrint
Antik-Center kaart 2, J 4
Op een steenworp afstand van het Hauptbahnhof bevinden zich de voormalige Hamburgse bloemenhallen, waar nu zo'n twintig handelaren hun tweedehandsschatten verkopen. Nogal 'stoffig', maar heeft wel charme. Op de op een doolhof lijkende benedenverdieping wordt vrijwel alles aangeboden wat het verzamelaarshart sneller laat kloppen – van antiquarische boeken, porselein en sieraden tot meubels en oud speelgoed.
Klosterwall 9-21, U 1: Steinstraße, di.-vr. 12-18 uur

Voor fashionistas
Lehmweg F 3
Zodra de bewoners van Eppendorf hun kleerkasten uitruimen, belandt veel dure designkleding hier op de Lehmweg. De verkopers weten echter ook wat voor spullen ze aan de man brengen en dus is het prijsniveau erg hoog voor een

vlooienmarkt. Ook meubels, boeken en cd's van goede kwaliteit kun je hier vinden. De markt wordt op ongeveer vier willekeurige zondagen per jaar gehouden.

Lehmweg tussen Hoheluftchaussee en Falkenried, U 3: Hoheluftbrücke, vanaf 7 uur

Kwaliteitsrommel
Turmweg G 4

De plaatselijke bewonersvereniging organiseert jaarlijks op een zondag in mei en september een vlooienmarkt op de Turmweg. De voornamelijk particulieren uit het omliggende chique Harvestehude verkopen hier hun overbodige spullen. De kans bestaat dat tussen de koopwaar originele Hermèssjaals, vulpennen van het merk Montblanc of klassiek design uit de jaren 1970 zitten.

Turmweg, U 1: Hallerstraße, vanaf 6 uur

Reusachtige overdekte markt
Winterflohmarkt Messehallen F 5

Tweemaal per jaar wordt gedurende de wintermaanden op zondag in een paar hallen een grote vlooienmarkt gehouden. Veel professionele en particuliere handelaren en kooplustigen komen van heinde en verre hiernaartoe, want het gevarieerde aanbod aan spullen is verlokkend. Wie vroeg komt, vergroot de kans om interessante koopjes te bemachtigen.

Karolinenstraße/ Messehallen, U 2: Messehallen, toegang vanaf 6 uur

CADEAUS, DESIGN, CURIOSA

Beam me up Scotty
Andere Welten F 5

Het intergalactische sciencefictionmekka voor Star Warsfans en iedereen die dat nog wil worden. In het assortiment alles over de thema's fantasy en sciencefiction, dvd's, boeken, Enterprisemodellen, poppetjes, uniformen, speldjes – en vanzelfsprekend een kartonnen Spock.

Grindelallee 77, bus: 4, 5, ma.-vr. 10-19, za. 10-16 uur

De tassenwinkel
Freitag kaart 2, J 4

Dit was de eerste Freitagwinkel in Duitsland. De inrichting is origineel. Op een piepkleine oppervlakte zijn hier op zeer decoratieve wijze honderden tassen uitgestald, allemaal unieke modellen. Naast de bekende koerierstassen, gemaakt van oude dekzeilen van vrachtauto's, behoren ook handtassen en voetballen tegenwoordig tot het assortiment.

Klosterwall, U 1: Steinstraße, ma.-za. 10-19 uur

Populaire brillenmode
Glassgo F 3

Beslist de populairste brillenwinkel van de stad. Naast tijdloze klassiekers en trendy modellen worden hier ook brillen van het eigen merk Hamburg Eyewear verkocht. De klanten waarderen het vriendelijke en deskundige personeel, want wie hier een keer is geweest, komt graag weer terug.

Eppendorfer Weg 259, U 3: Eppendorfer Baum, dag. 10-18.30, do. tot 20, za. tot 16 uur

Gezellig
Mein Lädchen G 2

Op 100 m^2 worden nachtkleding, kruiken, kussens, badjassen en lakens liefdevol gedecoreerd aangeboden. Voor liefhebbers van slaapcomfort een waar paradijs.

Hegestr. 29, U 3: Eppendorfer Baum, ma.-vr. 10-18, za. 11-15 uur

Exclusieve geurtjes
Meister Parfümerie G 3

Deze winkel mag er zijn. Onder het weelderige stucplafond hangen zware kroonluchters. De muren schitteren in bordeauxrood, en in de schappen zijn exclusieve geurtjes, crèmes en lotions uitgestald, die uitsluitend hier worden verkocht.

Eppendorfer Baum 12, U 3: Eppendorfer Baum, ma.-vr. 10-19, za. 10-18 uur

Feestelijk
Pappnase & Co F 5

Hier worden goochel- en toneelattributen verkocht. Ook feestneuzen en boevenmaskers behoren tot het aanbod. Medehuurder van de winkelruimte is

In het designwarenhuis Stilwerk vind je alles wat met wonen te maken heeft.

Wahnsinn Comics met een ruime collectie stripverhalen van over de hele wereld. Wie belangstelling heeft voor de beroemde Amerikaanse striptekenaar Carl Barks, moet naar Horst vragen; deze donaldist in hart en nieren weet hier alles over.

Grindelallee 92, bus: 4, 5, ma.-vr. 10-19, za. 10-14 uur

Bikersparadijs

Riders Room E 6

Een mannendroom. De bikerscultuur van de jaren 60 leeft hier voort. Steve McQueen is het grote voorbeeld. Het assortiment bestaat uit klassieke jacks, broeken van paarden- en stierenleer, en een ruime keuze aan zonnebrillen, schoenen, riemen, handschoenen en Davidahelmen uit Engeland.

Thadenstr. 4, U 3: Feldstraße, ma.-vr. 11-18.30, za. 11-16 uur

Hun tijd ver vooruit

Roomservice F 3

De eigenaren Thesenfitz en Wedekind verkopen zeer smaakvol en hypermodern woondesign en accessoires in hun winkel in Eppendorf. Voor een deel beperkte series van aparte modellen en producten die hun tijd ver vooruit zijn. Tegenwoordig zit er ook een dependance in de hoofdstad Berlijn.

Lehmweg 56, U 3: Eppendorfer Baum, do., vr. 11-19, za. 11-14 uur

Knuffeldierentuin

Steiff Galerie kaart 2, H 3

Hier komen liefhebbers van de beesten met de knoop in het oor volledig aan hun trekken. Een groot deel van de Steiffcollectie – van de klassieke beren tot de collector's items – kan worden bewonderd of gekocht.

Levantehaus, Mönckebergstr. 7, U 3: Mönckebergstraße, ma.-zo. 10-18 uur

Designwarenhuis

Stilwerk D 7

Het oude malterijgebouw werd van zijn binnenwerk ontdaan, zorgvuldig verbouwd en huisvest nu het eerste designwarenhuis van Duitsland met zelfstandige winkels, die woonartikelen verkopen. Voorbeeld voor de overige Stilwerkvestigingen in Düsseldorf, Berlijn en Stuttgart. Alles is van een hoog niveau, inclusief de prijzen.

Große Elbstr. 68, S 3: Reeperbahn, ma.-vr. 10-19, za. 10-18 uur

Hanzeatische kunst
The Art of Hamburg kaart 2, D/E 4
In het kleine kunstenaarswarenhuis zijn fantasievolle en maritieme liefdesverklaringen aan Hamburg te koop. Succesartikelen zijn de objecten met bootjesmotieven en het door de kunstenaar Frank Bürmann besmeurde machinistenshirt.
Ditmar-Koel-Str. 19, U 3/ S 3: Landungsbrücken, ma.-za. 12-20 uur. Filiaal: Lange Reihe 48 in de wijk St. Georg, ma.-za. 11-19 uur

Schrijf maar weer eens
Waltraut Bethge kaart 2, F 2
De zevende hemel voor vrienden van de verfijnde schrijfcultuur. Oude en nieuwe vulpennen, fraaie papiersoorten in alle kleurschakeringen, leren etuis van eigen makelij en natuurlijk de beroemde notitieboekjes van Smythson behoren hier tot het aanbod.
Hohe Bleichen 25, U 2: Gänsemarkt, ma.-vr. 10-19, za. 10-18 uur

MODE EN ACCESSOIRES

Betaalbare urban look
Angelo's E 4
Betaalbare gemakkelijke dames- en herenmode, grotendeels van Italiaanse makelij. Schoenen, tassen en accessoires completeren het assortiment.
Weidenstieg 11, U 2: Christuskirche, ma.-vr. 10-19, za. 10-16 uur. Angelo's heeft nog twee filialen in de stad (Eppendorfer Weg 217 en Ottenser Hauptstr. 44)

Alta Moda Italiana
Anita Hass G 2
Milano in Amburgo! Een van de topadressen in de stad. In deze kleding kun je je laten zien: Prada en co. Topmode en draagbaar, voornamelijk uit Italië. Bij kortingsacties ook betaalbaar voor mensen met een modaal inkomen.
Eppendorfer Landstr. 60, U 1, 3: Kellinghusenstraße, ma.-vr. 10-19, za. 10-18 uur

Kwaliteit heeft zijn prijs
Budapester Schuhe kaart 2, G 3
Voor de heren hebben ze hier handgenaaide klassieke modellen, zoals de peperdure cordovanschoenen van Alden, die een leven lang meegaan. De dames hebben de keuze uit onder andere Glitz & Glam, Dolce, Prada en Dior. Vlakbij (Große Johannisstr. 9) bevindt zich de **Budapester Schuhe Outlet**; hier is het hele jaar door sale. De modellen zijn meestal uit het vorige seizoen en interessant qua prijs.
Neuer Wall 30, U 1/ S 1: Jungfernstieg, ma.-vr. 10-19, za. 10-18 uur

Maritieme spullen bij The Art of Hamburg.

We are British
Conrad Hasselbach G 3
Kleding en schoenen van Britse makelij. Bij Hasselbach kun je terecht voor alles wat mooi en klassiek Brits is. Grote collectie handgenaaide schoenen, dassen, sjaals en lederen accessoires.
Klosterstern 2, U 1: Klosterstern, ma.-vr. 10-19, za. 10-16 uur

Topkwaliteit en -service
Stone Island kaart 2, F 3
Het concept van Stone Island is al meer dan dertig jaar succesvol. Het merk geniet cultstatus en biedt klassiek/moderne streetwearfashion van innovatieve materialen. Niet bepaald goedkoop, maar er is altijd nog de sale. Competent en bijzonder vriendelijk personeel. Een absolute topper in de city, als het om mode gaat.
Hohe Bleichen 22, U 2: Gänsemarkt, ma.-vr. 10-19, za. 10-18 uur

Strepen troef
Paul Smith kaart 2, F 3
De bezienswaardige showroom is de enige dependance in Duitsland van sir Paul Smith. Zijn handelsmerk: 'Classic

with a Twist' en natuurlijk de bonte strepen. Die zijn ook te vinden op sjaals, koffiekopjes en op een door hem veredelde Mini Cooper.
Hohe Bleichen 15, U2: Gänsemarkt, ma.-vr. 10-19, za. 10-18 uur

Beste secondhand in de stad
d'or Hamburg G 3
Hier is altijd wat bijzonders te vinden. Hoogwaardige designmode voor schappelijke prijzen; het aanbod wisselt regelmatig. Ernaast in de Shop-in-Shop worden de chicste schoenen, decoratieve antiquiteiten en stijlvolle sieraden verkocht.
Eppendorfer Baum 6, U 1: Klosterstern, ma.-vr. 10-19, za. 10-18 uur

Altijd al trendy
Thomas I Punkt kaart 2, H 3
Al meer dan veertig jaar bewijst men hier een goed gevoel voor trends en merken te bezitten. Grote namen als Armani, Yamamoto, Comme des Garçons en Paul Smith werden hier voor het eerst gepresenteerd. Uitgebreid assortiment van sneakers, clubwear en het eigen merk OMEN, dat in Hamburg wordt geproduceerd. Een tweede winkel bevindt zich op het adres Gänsemarkt 24. De zaak is alleen al de moeite waard vanwege de bezienswaardige inrichting.
Mönckebergstr. 21, U 3: Mönckebergstr., ma.-za. 10-20 uur

American hipster style
Urban Outfitters kaart 2, G 2
Het eerste filiaal in Duitsland van deze Amerikaanse keten. Jongerenmode, boeken en originele cadeauartikelen worden hier op twee verdiepingen nonchalant geëtaleerd en verkocht.
Gänsemarkt 45, U 2: Gänsemarkt, ma.-za. 10-20 uur

TRADITIONELE WINKELS

Tropenbestendig
Ernst Brendler kaart 2, G 4
Wie een reis naar de tropen gaat maken, moet altijd goed voorbereid zijn. Geen probleem, Brendler biedt uitkomst. In deze traditionele zaak is letterlijk alles verkrijgbaar wat bij een professionele uitrusting voor een dergelijke reis hoort – van tropenhelm en safarijack tot klamboe.
Große Johannisstr. 15, U 3: Rathaus, ma.-vr. 9.30-18, za. 9.30-16 uur

S SOUVENIRS

Wie een traditioneel souvenir uit Hamburg mee naar huis wil nemen, kan het beste op zoek gaan in de grote warenhuizen of bij de winkeltjes bij de Landungsbrücken. Hier verkopen ze fotoboeken, vuurtorens, labskaus in blik, petjes en kiezelstenen uit de Elbe in een glazen pot. Origineel is de cd '100 % Pure Hamburg', een gevarieerd geluidsportret van Hamburg met opnamen van kooplieden op de Fischmarkt, muziek op de Reeperbahn, geluiden op de Hamburgse kermis, in de Alter Elbtunnel en in een U-Bahnstation.

Hoeden en petten
Falkenhagen kaart 2, G 3
Hoedenmakerij met een rijke traditie. Hier kun je terecht voor de beroemde *elbsegler* (schipperspet), die vroeger geliefd was bij zeelui aan de Elbe. Schlagerzanger Freddy Quinn en voormalig bondskanselier Helmut Schmidt behoorden tot de klandizie.
Große Johannisstr. 7, U 3: Rathaus, ma.-vr. 10-19, za. 10-16 uur

Brits-hanzeatisch
Ladage & Oelke kaart 2, G 3
Degelijk hanzeatisch is niet alleen de inrichting, maar ook de collectie. Klassieke, hanzeatisch-Engelse mode van eigen makelij. Harristweedjasjes, handgenaaide schoenen en de populaire duffeljassen.
Neuer Wall 11, Alsterarkaden, U 1/S 1: Jungfernstieg, ma.-vr. 10-19, za. 10-18 uur

OM ZELF TE ONTDEKKEN

Op de Reeperbahn en de Hans-Albers-Platz rol je in **St. Pauli** letterlijk van het ene café in het andere. Op de Große Freiheit vermengen zich de traditionele seks- en travestietenbars met hardrocktenten, populaire techno- en houseclubs en discotheken.

Het **Karo- en Schanzenviertel** behoort tot het noordelijke deel van St. Pauli. In de buurt rondom Schanzenstraße en Schulterblatt bevinden zich ontelbare bars, clubs en cafés. Hotspot voor jongeren.

St. Georg is de wijk van de gay people. Rechts en links van de Lange Reihe zijn meer dan veertig restaurants, bars en cafés gevestigd, die zich voornamelijk op een homoseksueel publiek richten. In deze wijk bevinden zich ook het Deutsches Schauspielhaus en het Hansa Varieté Theater.

In Hamburg zijn de nachten lang

De stad kent in het weekend geen sluitingstijden, op weekdagen moeten de horecagelegenheden om 5 uur dicht zijn. Wie over voldoende energie beschikt, kan dus eindeloos doorfeesten. Uithoudingsvermogen is ook een vereiste, want Hamburg heeft geen centraal uitgaansgebied. Maar wel meer dan 4100 gelegenheden – kroegenwereldrecord!

In de city gaat het er rustig aan toe. After Work Clubs, zoals Café Schöne Aussichten in de oude botanische tuin, Sausalitos in het Chilehaus en Ciu's aan de Binnenalster vormen de uitzonderingen. De Großneumarkt biedt een ruime keuze aan cafés rondom het plein.

Eenvoudig en chic, in Ottensen en Altona is alles mogelijk. In de Fabrik in de Barnerstraße en in het gebied rondom de Bahrenfelder Straße is de sfeer alernatief en pretentieloos. Langs de Große Elbstraße hebben zich cafés en restaurants gevestigd, die tegemoetkomen aan de wensen van de coole cafébezoeker. Maar wie in de Haifischbar bij de Fischmarkt belandt, zal ongetwijfeld opmerken dat Altona nog steeds een haven- en arbeiderswijk is.

Overigens: de tijden, toen Onkel Pö in Eppendorf het middelpunt van de Hamburgse muziekscene was, zijn allang voorbij en clubs met livemuziek zijn hier in de buurt helaas ook niet meer te vinden.

Live on stage: zangeres op het Reeperbahnfestival.

BARS EN KROEGEN

Legendarische nachtclub
Angie's Nightclub im Tivoli
kaart 2, C 4
Op de eerste verdieping van Tivoli bevindt zich de zaak die gewild is bij het jong gebleven publiek. De barkeeper goochelt met zijn cocktailshaker en kan meer dan honderd drankjes mixen voor ieders smaak. Er is een kleine dansvloer, waar je ontspannen kunt bewegen op dance classics.

Spielbudenplatz 27, www.tivoli.de, U 3: St. Pauli, vr./za. vanaf 22 uur tot open end

Gegarandeerd goede sfeer
Bellini Bar J 6
Italiaanse flair, europop en een ontspannen sfeer hebben ervoor gezorgd dat de bar een populair trefpunt van de Hamburgse gayscene is geworden. In de zomer een vier weken durende beachparty met strandzand.

Danziger Str. 63, www.bellini-bar-hamburg.de, U 1/S 1: Hauptbahnhof, dag. vanaf 18 uur

Mooi uitzicht
Ciu' Die Bar kaart 2, G 2
In de cocktailbar van Hotel Vier Jahreszeiten voel je je in een Zuidoost-Aziatische Suzy Wongambiance. Jonge en jong gebleven gasten luiden hier de avond in of uit. In de achterste ruimtes bevindt zich het gelijknamige Euro-Aziatische restaurant met een eersteklas reputatie. Als hier wilt eten, kan reserveren geen kwaad.

Neuer Jungfernstieg 9-14, www.hvj.de, U 1/S 1: Jungfernstieg, ma.-za. 18-1 uur

Cocktailbar
Generation-BAR J 6
Kortweg G-BAR genoemd. Behalve attractieve kelners goede muziek en heerlijke cocktails. Pas tegen de avond loopt het hier vol. De grote etalageruiten worden in de zomer naar de straat toe geopend, dan heerst er mediterrane vrolijkheid.

Lange Reihe 81, www.generation-bar.de, U 1/S 1: Hauptbahnhof, dag. vanaf 16 uur

Populair trefpunt
Café Gnosa J 5
De voortreffelijke taarten uit de eigen banketbakkerij en het middag- en avondeten verklaren maar een deel van het succes, want Gnosa is al jaren het domein van de homo- en lesboscene. Het ademt de ongedwongen sfeer van een buurtcafé en heeft een mooi terras, dat 's avonds altijd stampvol zit.

Lange Reihe 93, www.gnosa.de, U 1/S 1: Hauptbahnhof, dag. 10-1 uur

RESERVERING

De musicals en theatervoorstellingen in de stad trekken zeer veel bezoekers. De grote toeloop heeft tot gevolg dat de kaartjes voor Musicaltheater, Operettenhaus, Neue Flora en Theater im Hafen ruim van tevoren gereserveerd moeten worden.

Alsterhaus Theaterkasse:
Tel. 040 35 35 55
Hamburg Tourismus:
Tel. 040 30 05 13 00
www.hamburgischestaatsoper.eu
www.hamburg-ticket.de
www.stage-entertainment.de
www.ticketmaster.de

Beierse levenswijze
Landhaus Walter J 1
Midden in het Stadtpark bevindt zich Landhaus Walter met de grootste biertuin van heel Noord-Duitsland. En zodra het 's zomers in de avonduren weer eens tropisch warm wordt, zijn een vers getapt biertje en braadworsten van de grill in de schaduw van de schitterende lindebomen altijd een verleidelijke en ideale optie. Van mei tot september vinden op zondag Frühschoppen Konzerte (ochtendconcerten onder het genot van een alcoholisch drankje) plaats, de toegang is gratis.

Otto-Wels-Str. 2, www.eventcenter-hamburg.de, U 3: Borgweg, dag. 11.30-22, in de zomer 11-1Uhr

Stijlvolle theaterbar

Nachtasyl kaart 2, H 3

Onder het dak van het Thalia Theater vind je een van de aangenaamste en bijzonder smaakvol ingerichte bars van de stad. Evenementen zoals lezingen en concerten vallen in de smaak bij het veeleisende publiek. Natuurlijk ook een locatie voor een drankje.

Alstertor 1, U 1/S 1: Jungfernstieg, dag. vanaf 19 uur

Wijn en meer

Polettos Winebar F 2

Kijken en bekeken worden. Populaire hotspot van wijnliefhebbers en trendy cafégangers. Lichte mediterrane kost, die bij wijn en bier past.

Eppendorfer Weg 287, www.poletto-winebar.de, U 3: Eppendorfer Baum, ma.-za. 12-24, zo. 11.30-23 uur

Oude paardenstal

Ponybar G 5

Vroeger werden hier paarden gehouden, nu is de plek een geliefd trefpunt op de campus. Overdag studentencafé, 's avonds wordt een veelzijdig cultureel programma, van liveconcerten tot lezingen, geboden.

Allende-Platz 1, www.ponybar.com, U1: Stephansplatz, ma.-za. vanaf 9, zo. vanaf 10 uur beide dagen tot open end

LIVEMUZIEK

Cool Cats

Birdland E 3

De naam zegt al genoeg. Hier draait alles om jazz. Op donderdag wordt er flink gejamd en geïmproviseerd. Er zijn geregeld concerten.

Gärtnerstr. 122, www.jazzclub-birdland.de, bus: 5 naar Gärtnerstraße, do.-za. 20.30-1.30 uur

Dixieland

Cotton Club kaart 2, E/F 3

In de oudste jazzkelder van Hamburg wordt veel dixieland, oldtime jazz en hot jazz gedraaid. Ook soul en bues staan op het programma. Woody Allen zou het hier beslist naar zijn zin hebben en zijn klarinet tevoorschijn halen.

Alter Steinweg 10, www.cotton-club-hamburg.de, S 1: Stadthausbrücke, ma.-za. vanaf 20.30 uur, zo. 11-15 uur

Gevarieerd aanbod

Fabrik C 6

De plaatselijke klassieker als het gaat om livemuziek. Het aanbod in de voormalige munitiefabriek is zeer gevarieerd – van pop, soul, folk en jazz tot wereldmuziek. De regionale omroep NDR is geregeld te gast en zendt (hoogtepunten van) concerten op tv en radio uit.

Barnerstr. 36, www.fabrik.de, S 1: Altona, dag. vanaf 21 uur

Groot concertpodium

Große Freiheit 36 kaart 2, B 3

Grootste club van de stad en podium voor rock- en popconcerten.

Große Freiheit 36, www.grossefreiheit36.de, S 1: Reeperbahn, di., vr., za., zo. meestal vanaf 22 uur

Rock-Pop

Logo G 5

Een oudgediende in de universiteitswijk. Veel rock, pop en independent. Schappelijke prijzen en een lange lijst van internationaal bekende bands die hier opgetreden hebben, bezorgen Logo een trouwe schare fans.

Grindelallee 5, Rotherbaum, www.logohamburg.de, bus: 4, 5 tot Staatsbibliothek, dag. vanaf 20 uur

Veelzijdig

Markthalle kaart 2, J 4

Centrum voor concerten van uiteenlopende stijlen. Zo nu en dan ook theatervoorstellingen en ruilbeurzen voor stripboeken.

Klosterwall 11, www.markthalle-hamburg.de, U 1: Steinstraße, meestal vanaf 21 uur geopend

Klassiek

Laeiszhalle/Musikhalle kaart 2, E 2

In de in 1908 ingewijde Musikhalle worden klassieke concerten gegeven. Het Philharmonisches Orchester, de Hamburger Symphoniker en het Sym-

phonieorchester des Norddeutschen Rundfunks maken hier naast internationale orkesten en solisten regelmatig hun opwachting.
Johannes-Brahms-Platz, www.laeiszhalle.de, U 2: Messehallen

MUSICALS EN VARIÉTÉ

Hamburg is de musicalhoofdstad van Duitsland. Ook de voor de stad karakteristieke shows en varietés vinden hun publiek. Hier de highlights van het seizoen:

Op de tafel dansen

Dollhouse kaart 2, B 3
Geheel naar Amerikaans voorbeeld dansen en kronkelen perfecte lichamen op de bar, in kooien en op de podia. Dat slaat goed aan – en niet alleen bij deelnemers aan vrijgezellenavonden.
Große Freiheit 11, www.dollhouse.de, S 3: Reeperbahn, dag. vanaf 21 uur

Varietégeschiedenis

Hansa Varieté Theater J 6
Een sensatie sinds 120 jaar: Het Hansa-Theater aan de Steindamm is de variétéklassieker van Duitsland. Het bekende illusionistenduo Siegfried en Roy trad hier in 1964 – nog totaal onbekend – voor het eerst in Hamburg op.
Steindamm 17, www.hansa-theater.de, U 3/S 1: Hauptbahnhof, di.-zo. vanaf 20 uur

Wensen uit de wonderlamp

Neue Flora D 5
Voor *The Phantom of the Opera* werd het pretentieuze gebouw onder protest opgetrokken. Na *Titanic* en *Tarzan* loopt hier sinds 2015 de musical *Disney's Aladdin*. In het verhaal van Aladdin, de geest en de drie wensen wordt de toeschouwer ontvoerd in een prachtige liefdesgeschiedenis uit *Duizend-en-een-nacht*.
Stresemannstr. 159 a, www.stage-entertainment.de, S 3: Holstenstraße

Veelzijdig programma

Schmidts Tivoli kaart 2, C 4
Hier is de grens tussen cabaret, show en variété moeilijk te trekken. In de mooie theaterzaal worden de *Schmidt-Mitternachtshow*, *Heisse Ecke*, *Die Königs vom Kiez* en *Caveman* opgevoerd. Tevens gastoptredens van bekende comedians.
Spielbudenplatz 24, www.tivoli.de, U 3: St. Pauli

O OVERIGENS

Reeperbahn Festival
Het meerdaagse clubfestival rondom de Reeperbahn vindt in 2017 voor de twaalfde keer plaats. Het is een van 's werelds belangrijkste muziekevenementen. Op meer dan 70 locaties worden naast liveacts, kunst en evenementen van de muziekbusiness geboden (eind september, www.reeperbahnfestival.com).

Achter de horizon gaat het verder

Stage Operettenhaus kaart 2, C 4
Hier sprongen veertien jaar lang de *Cats* uit de band. In 2007 zei *Mamma Mia!* goodbye en daarna werden de wereldhits van Udo Jürgens vertoond onder het motto: *Ich war noch niemals in New York*. Daarna kwamen *Sister Act* en de geschiedenis van Rocky Balboa. Vervolgens keerde het Phantom terug op het podium met *Liebe stirbt nie – Phantom II*. Nu wordt *Hinterm Horizont* gespeeld. De succesmusical was tot dusver alleen in Berlijn te zien. Het publiek wordt getrakteerd op een show met de hits van de legendarische Udo Lindenberg.
Spielbudenplatz 1, www.stage-entertainment.de, U 3: St. Pauli

Tor, Tor, Tor, Tor

Stage Theater an der Elbe F 8
Pal naast de leeuw wordt het *Wunder von Bern* vertoond. De dramatische familiegeschiedenis met happy end speelt zich af tegen de achtergrond van het WK voetbal in 1954. Helmut Rahn schiet en – nou, je weet het misschien niet meer. Duitsland won het toernooi en een collectieve roes van enthousias-

me in de toen nog jonge republiek was in elk geval het gevolg.

Norderelbestr. 8, in de Freihafen, www.stage-entertainment.de

Brullende leeuw

Theater im Hafen F 8

Afrika aan de oever van de Elbe. Er gaat een bootshuttle vanaf St. Pauli-Landungsbrücken over de Elbe naar de *Lion King*. De musical ontroert zowel grote als kleine musicalliefhebbers. De muzikale klanken uit popmuziek van Elton John en originele Afrikaanse ritmes moet je gehoord hebben.

Norderelbestr. 6, in de Freihafen, www.stage entertainment.de

DANSEN

Klassieker in de rosse buurt

Grünspan E 6

Liveacts zijn vrijwel de enige verbinding met de moderne tijd. In de weekends schalt rock uit de megaboxen. En net zoals vroeger is de zaak doordrongen van een zoetige geur. In 1968 werd de voormalige bioscoop verbouwd tot discotheek. Druk bezochte klassieker in St. Pauli.

Große Freiheit 58, www.gruenspan.de, S 3: Reeperbahn, vr., za. vanaf 23 uur

Gevarieerd programma

Kaiserkeller kaart 2, B 3

In de kelder tegenover de katholieke kerk wordt massaal op rock en independent gedanst. Zondag is de oldiedag met muziek, waarop de nu 35- tot 40-jarigen al als tieners hebben gedanst.

Große Freiheit 36, www.grossefreiheit36.de, S 3: Reeperbahn, do. vanaf 21, vr./za. vanaf 22 uur en speciale evenementen

De legende is terug

Mojo Club kaart 2, D 3

De Club uit 1989 was tot ver buiten Hamburg belangrijke wegbereider voor de dancefloorjazz. In 2003 werd de Mojo Club gesloten en het gebouw is later gesloopt. Nu kan op de benedenetages van de Tanzende Türme – zo heet het gebouw aan het oostelijke begin van de Reeperbahn – weer worden gefeest. Daarnaast zit ook een Mojo-Café.

Reeperbahn 1, www.mojo.de, U 3: St. Pauli, vr., za. vanaf 23 uur

Homoparadijs

Toms Saloon J 6

Met 700 m^2 vermaakruimte volgens de uitbaters het grootste homoparadijs van het noorden. Hier staan een leerbar, cruising area en darkroom ter beschikking. En in de PIT-Club bevindt zich de oudste homodiscotheek van Hamburg; ook vrouwen zijn van harte welkom.

Pulverteich 17, www.toms-hamburg.de, U 3/S 1: Hauptbahnhof, dag. 22-4 uur

In een bunker klinkt de muziek

Uebel & Gefährlich F 6

Op de vierde verdieping van een oude bunker uit de Tweede Wereldoorlog krijgt het hippe publiek clubevents, concerten of lezingen voorgeschoteld. Wie durft, kan nog verder naar boven en op het dakterras feesten. Het programma is te vinden in de dagbladen en op de website.

Feldstr. 66, www.uebelundgefaehrlich.com, U 3: Feldstraße, openingstijden variëren

Feesten onder de brug

Waagenbau E 5

In dit vensterloze bakstenen bouwsel onder de S-Bahnbrug dansen de jonge en jong gebleven trendy gasten. Wisselende dj's draaien muziek variërend van reggae, hiphop, techno en rock tot soul.

Max-Brauer-Allee 204, www.waagenbau.com, openingstijden variëren, bus: 20 naar Max-Brauer-Allee

Party, Party

Wunderbar kaart 2, C 3

Wie van Duitse partymuziek uit de jaren 1970 houdt, is hier op het juiste adres. Vooral op zaterdag vieren schlagersterren als Rex, Bata, Christian en Marianne hun comeback op de draaitafel. 'Licht uit, spot aan!'

Talstr. 14, www.wunderbar-hamburg.de, U 3: St. Pauli, dag. vanaf 22 uur

THEATER, OPERA, KLEINKUNST EN MEER

Theater

In het succesvolle staatstheater **Thalia** (✪ kaart 2, H 3, www.thalia-theater.de) worden moderne interpretaties van klassieke stukken opgevoerd. Ook provocerend theater komt hier aan bod, bijvoorbeeld met stukken van Robert Wilson. Klassiek tot avant-garde wordt in het **Deutsches Schauspielhaus** (✪ H 6, www.schauspielhaus.de) gespeeld. Onder leiding van de beroemde acteur Gustaf Gründgens ontwikkelde het Schauspielhaus zich in de jaren 1950 en 1960 tot het meest toonaangevende theater van Duitsland. Later zorgden regisseurs als Peter Zadek voor schandalen. In de **Komödie Winterhuder Fährhaus** wordt boulevardtheater opgevoerd (✪ G 1, www.komoedie-winterhuder-faehrhaus.de). Een dependance van de Berlijnse Komödie am Ku'damm. Hier treden vaak bekende tv-persoonlijkheden op. Volks gaat het toe in het **Ohnsorg-Theater** (✪ kaart 2, J 2) (www.ohnsorg.de), natuurlijk spreekt men daar Missingsch, een variant van Plattdeutsch. Er zijn ook voorstellingen in het Hoogduits, die zo nu en dan op televisie worden uitgezonden. Het **Schmidt-Theater** (✪ kaart 2, C 4, www.schmidts.de) richt zich op het blijspelgenre. Het interieur is aangekleed met pluche uit de jaren 1950. De producties zijn hoofdzakelijk humoristisch, sprankelend en ondeugend. In de buurt hiervan wordt in het oudste theater van Hamburg, het **St. Pauli-Theater** (✪ kaart 2, C 4, www.st-pauli-theater.de), het publiek al meer dan 150 jaar volkstoneel, musicals, klassieke stukken en amusement voorgeschoteld.

Opera

Een prachtig particulier theater is de **Hamburger Kammeroper** (✪ D-6, www.hamburger-kammeroper.de), die diverse malen per jaar voorstellingen naar het voorbeeld van barokopera's biedt. De trouwe schare fans betuigt de oprichter Uwe Deeken hiervoor zijn dank met talrijke bezoeken. De **Hamburgische Staatsoper** (✪ kaart 2, G 2, www.hamburgische-staatsoper.de) staat in Duitsland heel goed aangeschreven. Uitmuntende ensceneringen met internationale sterren. John Neumeier en zijn balletensemble zijn al tientallen jaren een vast bestanddeel.

Kleinkunst en vrij theater

Het **Fundus Theater** (✪ ten oosten van K 5, www.fundus-theater.de) presenteert eersteklas poppentheater, niet alleen voor kinderen. De lichte muze is in de **Hamburger Engelsaal** present (✪ kaart 2, F 2, www.engelsaal.de). Op het programma staan kameroperettes en vrolijke muziekrevues als *Die Fledermaus* en *My Fair Lady*. Meer ingesteld op experimenteren is men bij **Kampnagel** (✪ J 3, www.kampnagel.de). De voormalige kraanfabriek is hét symbool van de vrije theaterbeweging. Het **Schiff** (✪ kaart 2, G 4) is een begrip binnen de kleinkunst- en theaterwereld. Acteur en regisseur Eberhard Möbius presenteert sinds 1976 op zijn theaterboot behalve cabaret voornamelijk literaire programma's (www.theaterschiff.de).

Bioscopen

Hamburgs eerste filmhuis **Abaton** (✪ G 5, www.abaton.de) vertoont kwaliteitsfilms, deels originele versies met ondertitels. Reusachtig is **CinemaxX** (✪ G 5, www.cinemaxx.de). De grootste bioscoop van de stad presenteert bij de hoofdfilm in Kino 1 een geavanceerde lasershow. In de **Holi-Kino** (✪ F 3) wordt bioscoopcultuur voelbaar (holi-kino-hamburg.kino-zeit.de): Mooie bioscoop, die qua inrichting, comfort en filmkunst toonaangevend is geweest. Het comfortabele **Savoy Filmtheater** (✪ J 6) vertoont ondertitelde films (www.savoy-filmtheater.de).

Reisinformatie

AANKOMST

... met het vliegtuig
Er zijn diverse (goedkope) rechtstreekse vluchten van Amsterdam en Brussel naar Hamburg. De vliegtijd bedraagt circa 1 uur (www.vliegwinkel.nl).
Flughafen Fuhlsbüttel (HAM, 🕮 4): T 040 507 50, www.airport.de. Deze ligt ongeveer 10 km van de binnenstad. De S-Bahn S 1 rijdt elke 10 minuten tussen het vliegveld en het Hauptbahnhof (centraal station) en doet daar ongeveer 25 minuten over – comfortabeler is de binnenstad niet te bereiken, de rit kost € 3,20. Een taxi kost circa € 28.

... met de trein
Vanuit Utrecht in ca. 5 uur met overstap in Osnabrück (www.nshispeed.nl.); vanuit Brussel in bijna 7 uur met overstap in Keulen (www.nmbs.be).
Hamburg telt vier **stations**: het Hauptbahnhof in de binnenstad, Dammtor, Altona en ten zuiden van de Elbe station Harburg.

Treininformatie: tel. 118 61 (€ 0,60/min.), tel. 0800 150 70 90 (automatische informatie over dienstregelingen), www.bahn.de.

... met de bus
Het **Zentraler Busbahnhof** (🕮 J 6) bevindt zich in het stadscentrum, dicht bij het Hauptbahnhof (Adenauerallee 78, tel. 040 24 75 76). Diverse verbindingen met steden in Nederland en België (www.eurolines.nl of .be).

INFORMATIE TER PLAATSE

Hamburg Tourismus GmbH (🕮 2, F 3): Wexstr. 7, tel. 040 30 05 13 00, www.hamburg.de, www.hamburg-tourism.de.
Tourist-Information (🕮 kaart 2, J 3): Hauptbahnhof, uitgang Kirchenallee, tel. 040 30 05 12 01, ma.-za. 9-19, zo. 10-18 uur.
Bij de haven/Landungsbrücken (🕮 kaart 2, D 4): tussen Brücke 4 en 5, tel. 040 30 05 12 03, dag. 9-18 uur.

U-Bahnstation Landungsbrücken: pal aan het water.

Hamburg-Hotline der HHT (Hamburg-Tourismus): tel. 040 30 05 13 00. Informatie, tips en adressen, hotelreserveringen, arrangementen. Bovendien toegangskaarten voor musicals, theater et cetera.

HAMBURG OP INTERNET

www.hamburg.de: de officiële website van de stad met nuttige informatie. Bovendien boeking kaartjes voor musicals en theatervoorstelllingen alsmede hotelovernachtingen en evenementen.
www.hamburg-web.com: informatieve website met actueel Hamburg-Magazin, stadsgids en bedrijvengids. Veel adressen en tips inzake uitgaan, slapen, eten en meer.
www.hamburg-magazin.de: ook hier vind je alles, wat voor een geslaagde stedentrip kunt gebruiken. Talrijke tips, adressen en evenementenkalender.
www.hvv.de: site van het Hamburgse openbaarvervoerbedrijf. Handig om te downloaden bij de reisvoorbereiding met lijnennetkaart en tarievenlijst voor alle vervoersmiddelen van de stad – bussen, metro en Alsterboten.
www.mopo.de: de plaatselijke krant *Morgenpost* op internet, met stadsnieuws en interessante adressen betreffende cultuur en vrijetijdsmogelijkheden inclusief commentaar.
www.hamburger-abendblatt.de: onlineversie van het *Hamburger Abendblatt* met nieuws uit Hamburg en daarbuiten. Voor veel artikelen paywall.
www.szene-hamburg.de: Uitgaans-, winkel- en restauranttips op de site van het gelijknamige stadsmagazine.
www.hh-magazin.com: Evenemententips op het gebied van kunst en cultuur.
www.hafen-hamburg.de: meertalige site met feiten, cijfers en achtergrondinformatie over de Hamburgse haven.
www.reeperbahn-hamburg.com: cafés, cultuur, restaurants en mode. De bekendste straat van Hamburg op internet.
www.prinz.de: Vol informatie over evenementen.

HAMBURG CARD

Met de Hamburg CARD kun je voordelig de stad verkennen. Vanaf € 9,90 per dag/persoon kan met deze kaart gratis worden gereisd met het Hamburgse openbaar vervoer. Hij is geldig voor de complete Hamburgse agglomeratie – dat maakt het de moeite waard om de auto te laten staan. Met de kaart krijg je bovendien korting op toegangskaartjes voor bezienswaardigheden en musea en zelfs tot 50% korting op meer dan 160 toeristische aanbiedingen, zoals rondvaarten, rondritten en stadswandelingen.
De kaart is verkrijgbaar bij de verkeersbureaus, in tal van hotels en ook bij de kaartjesautomaten van de HVV, in bussen en bij reisbureaus. Hij kan telefonisch of online worden besteld via de Hamburg-Hotline (► blz. 110).

REIZEN MET EEN HANDICAP

Vervoer voor gehandicapten: MobilCar: tel. 040 20 00 11 22, okTaxi: tel. 040 40 17 01 62.
Informatie levert de website www.hamburg.de/behinderung.

VEILIGHEID EN NOODGEVALLEN

Hamburg kent, zoals elke grote stad, natuurlijk ook plekken die toeristen, vooral in de avonduren, beter kunnen mijden. Daartoe behoren de achterzijde van het Hauptbahnhof en sommige straten in St. Georg en in St. Pauli. Nachtelijke ritten per spoor naar het zuiden van Hamburg richting Harburg of in de S 1 tussen Landwehr en Poppenbüttel en de S 3 tussen Hammerbrook en Neugraben kun je maar beter achterwege laten. Op deze trajecten loop je de kans om zonder medereizigers in een rijtuig te zitten.

Politie: 110, **ambulance, brandweer:** 112, **tandartsendienst:** 040 01 15 00, **pech onderweg:** ADAC 0180 222 22 22; ACE 01802 34 35 36, **verlies van creditcards en bankpassen:** tel. 11 61 16, www.bankenvergelijking.nl/kaartverlies-melden/
Gevonden voorwerpen: Bahrenfelder Straße 254-260, tel. 040 428 11 35 01

OPENBAAR VERVOER

Bus en spoor
U leert Hamburg het beste kennen met het openbaar vervoer, verzorgd door het Hamburger Verkehrsverbund (HVV). Met een vervoerbewijs of de Hamburg CARD kan van alle vervoermiddelen in Hamburg en in grote delen van de directe omgeving van de stad gebruik worden gemaakt. De treinen rijden van 's morgens 4.30 tot bijna 1 uur 's nachts. De prijs van een kaartje is niet afhankelijk van het aantal haltes, maar van tariefzones. Enkeltjes en dagkaarten zijn verkrijgbaar bij kaartjesautomaten of bij de buschauffeurs. Enkeltje vanaf € 1,50, dagkaart vanaf € 7,60, Hamburg CARD vanaf € 9,90 per dag.
Informatie: alle actuele informatie en dienstregelingen van de openbaar vervoersmiddelen van de stad zijn te vinden op www.hvv.de of tel. 040 194 49.

Taxi's
In Hamburg rijden bijna 3500 taxi's. Daarom hoef je in het centrum meestal niet lang te wachten tot er een vrije langskomt. In de spits kan het wel wat langer duren. Het basistarief is € 2,90. De kilometerprijs is afhankelijk van het afgelegde traject en bedraagt gemiddeld € 1,90. Hansa-Taxi, tel. 040 21 12 11, Taxi Hamburg, tel. 040 666 66, Das Taxi, tel. 040 22 11 22.

Rondritten
De meestal twee uur durende rondritten voeren gewoonlijk door de binnenstad richting haven. Sommige aanbieders rijden ook nog om de Außenalster heen. Vertrekpunten zijn de St. Pauli-Landungsbrücken en de extra haltes in de Kirchenallee (achterzijde Hauptbahnhof). Van maart t/m oktober rijden de bussen gewoonlijk dagelijks elk halfuur tussen 10 en 17 uur. Voor informatie over vertrektijden in de wintermaanden kun je het beste de buschauffeur raadplegen. Soms gaan de rondritten vanwege slecht weer of bij gebrek aan klandizie ook wel eens niet door. Prijzen: volwassenen circa € 16, kinderen tot 12 jaar gratis, met korting € 5-10, Houders van een Hamburg CARD krijgen meestal korting.

RONDLEIDINGEN

Hamburg Tourismus GmbH biedt diverse rondleidingen aan, bijvoorbeeld de *Hurentour*, rechts en links van de Reeperbahn. Meer thema-excursies kunnen ook bij de volgende diensten en organisaties worden geboekt:
Hamburger Gästeführer Verein: rondritten en stadswandelingen in verschillende talen, www.hamburger-gaestefuehrer-verein.de.
Museumsdienst Hamburg: de historische rondleidingen rond het thema arbeid kunnen via tel. 040 428 13 10 worden geboekt.
Stattreisen Hamburg e.V.: rondwandelingen waarbij de klassieke toeristische hotspots worden gemeden. Tel. 040 43 19 09 94 (informatielijn), www.stattreisen-hamburg.de.
Hamburg Greeters: Hamburgse vrijwilligers laten gasten hun stad zien, www.hamburg-greeters.de.

RONDVAARTEN

Op de Alster: De witte vloot van de rederij ATG ligt bij de aanlegplaats Jungfernstieg, tel. 040 357 42 40.
Havenrondvaarten: wie in Hamburg geen havenrondvaart heeft gemaakt, kent maar de halve stad. Alle rondvaarten beginnen bij de St. Pauli-Landungsbrücken en duren meestal één uur. Er is veel keuze en het aantal aanbieders aan de Landungsbrücken (tussen Brücke 1 en 9) evenals scheepstypen is

EROPUIT MET DE FIETS

Vrijwel overal in de stad en in de complete city kun je goed fietsen. Heel mooi zijn fietstochten rondom de Alster, langs der Elbe en in de diverse parken van de stad.
Circa tachtig verhuurpunten en duizend fietsen van **StadtRAD** bevinden zich bij tal van S- en U-Bahnstations in de binnenstad en op belangrijke toeristische locaties. De rode huurfietsen kunnen overal bij alle verhuurpunten gehuurd en ook weer teruggebracht worden, door de fiets daar door middel van een vergrendeling op het station aan te sluiten. Het eerste halfuur StadtRAD is gratis. Daarna moet er worden betaald. De maximale prijs per dag bedraagt € 12, BahnCard-houders krijgen korting. Wie een fiets van StadtRAD wil huren, moet zich de eerste keer vooraf op internet of telefonisch voor € 5 laten registreren – daarna kan meteen een fiets worden gehuurd. Informatie: www.stadtradhamburg.de of tel. 040 822 18 81 00.
U kunt ook fietsen huren bij: **Rent a bike**, tel. 040 278 00 80, www.rentabike-hamburg.de, € 12/dag: **Hamburg City Cycles**, Karolinenstr. 17, tel. 040 21 97 66 12, www.hh citycycles.de, € 13/dag.
Er worden ook **rondritten per fiets** met ervaren stadsgidsen aangeboden, waarbij de drukke verkeersaders worden gemeden.Boeken via www.hamburg-anders-erfahren.de, tel. 0178 640 18 00 en www.hamburg-radtour.de, vanaf de binnenstad tot in de HafenCity, drie à vier uur.

heel groot. Het voordeel van de grote rondvaartboten is dat ze meestal een open bovendek hebben, ideaal bij mooi weer. Vaak is er ook eten en drinken aan boord.
De kleinere bootjes zijn eenvoudiger uitgerust, maar zijn wel wendbaarer en hebben minder diepgang. Daardoor kunnen ze bij vloed de grachten van de Speicherstadt invaren.
Prijzen: volwassenen vanaf € 19, korting voor kinderen, groepen vanaf vijf personen en houders van een Hamburg-CARD.

Botenverhuur
Het is beslist een goed idee om bij mooi weer een roei- of zeilboot te huren. Dat is niet zo duur en vanaf het water heb je een prachtig uitzicht op de stad. Prijs: circa € 15 per uur voor twee personen. De meeste verhuurbedrijven zijn van april t/m oktober geopend.
Bobby Reich: Fernsicht 2, tel. 040 48 78 24.
Bodo's Bootssteg: Harvestehuder Weg 16, tel. 040 44 06 54.
Kapitän Hans Pieper: An der Alster/ Atlanticsteg, tel. 040 24 75 78.
Bootsverleih Stute: Schöne Aussicht 20a, tel. 040 22 69 86 57.
Bootsverleih Noahs: Isekai 1, tel. 040 413 575 75.

DE STAD VAN BOVEN

Het **Steiger Riesenrad** is met zijn 60 m hoogte een van de grootste reuzenraderen in zijn soort. Het staat direct in de HafenCity en biedt vanuit de comfortabele gondels een grandioos uitzicht van 360 graden op de daken van de stad. Bij de U-Bahn uitgang Überseestadt, geopend mei-juli, www.riesenradhafencity.de.
De luchtvaartmaatschappij Lufthansa biedt vanaf luchthaven Fuhlsbüttel geregeld **rondvluchten** boven Hamburg aan met een zorgvuldig gerestaureerde Ju 52, een klassieker uit de jaren dertig. Aangezien het toestel niet altijd in de stad gestationeerd is, kun je het beste op internet of telefonisch informatie inwinnen, tel. 040 50 70 17 17 (informatie en reservering), www.lufthansa-Ju52.de.

Hoe zegt u?

daddeln

spelen
bijvoorbeeld aan een gokautomaat

fünsch

brutaal, woedend

LÜTT

klein uitgevallen
in de gastronomie ter aanduiding van het formaat van de porties

Wuling

wanorde en verwarring

tüdelich

vergeetachtig

Buddel

fles

ANGETÜTERT

aangeschoten, tipsy
niet te verwarren met tüdelich

schmöken

roken
alleen tabak

Büx

broek

hökern

verpatsen

BRASS

slecht humeur

Paklijst

> DATUM

....

> AANTAL DAGEN

....

> HET WEER

WARM KOUD NAT

> BASISUITRUSTING

- ANWB EXTRA
- PASPOORT/ID-KAART
- TICKETS & VISUM
- RIJBEWIJS
- BANKPASSEN
- MEDICIJNEN
- VERZEKERINGEN
- HOTELADRES

C CHECK

> TOILETARTIKELEN

> KLEDING

> DIVERSEN

> ELEKTRONICA

Mijn tripplanner

DAG 1

Blz ...... MUST SEE ....
Blz ....
Blz ....
Blz ....
Blz ....
Blz ....
Blz ...... ETEN EN DRINKEN ....
Blz ....

DAG 2

Blz ...... MUST SEE ....
Blz ....
Blz ....
Blz ....
Blz ....
Blz ....
Blz ...... ETEN EN DRINKEN ....
Blz ....

DAG 3

Blz ...... MUST SEE ....
Blz ....
Blz ....
Blz ....
Blz ....
Blz ....
Blz ...... ETEN EN DRINKEN ....
Blz ....

DAG 4

Blz ...... MUST SEE ....
Blz ....
Blz ....
Blz ....
Blz ....
Blz ....
Blz ...... ETEN EN DRINKEN ....
Blz ....

MUST SEE .... Blz ......
.... Blz ......
.... Blz ......
.... Blz ......
.... Blz ......
.... Blz ......
ETEN EN DRINKEN .... Blz ......
.... Blz ......

DAG 5

MUST SEE .... Blz ......
.... Blz ......
.... Blz ......
.... Blz ......
.... Blz ......
.... Blz ......
ETEN EN DRINKEN .... Blz ......
.... Blz ......

DAG 6

MUST SEE .... Blz ......
.... Blz ......
.... Blz ......
.... Blz ......
.... Blz ......
.... Blz ......
ETEN EN DRINKEN .... Blz ......
.... Blz ......

DAG 7

.... Blz ......
.... Blz ......
.... Blz ......
.... Blz ......
.... Blz ......
.... Blz ......
.... Blz ......
.... Blz ......

E EXTRA

Notities

T
TIPS

Favoriete plekken – **review**

> OVERNACHTEN

ACCOMMODATIE ► ....

ADRES/BLADZIJDE ....

PRIJS € €€ €€€

NOTITIE ....

....

> ETEN EN DRINKEN

RESTAURANT ► ....

ADRES/BLADZIJDE ....

PRIJS € €€ €€€ CIJFER

VOORGERECHT ....

HOOFDGERECHT ....

NAGERECHT ....

NOTITIE ....

....

RESTAURANT ► ....

ADRES/BLADZIJDE ....

PRIJS € €€ €€€ CIJFER

VOORGERECHT ....

HOOFDGERECHT ....

NAGERECHT ....

NOTITIE ....

....

RESTAURANT ► ....

ADRES/BLADZIJDE ....

PRIJS € €€ €€€ CIJFER

VOORGERECHT ....

HOOFDGERECHT ....

NAGERECHT ....

NOTITIE ....

....

....

> WINKELEN

WINKEL ►

ADRES/BLADZIJDE

NOTITIE

WINKEL ►

ADRES/BLADZIJDE

NOTITIE

> UITGAAN

GELEGENHEID ►

ADRES/BLADZIJDE

NOTITIE

GELEGENHEID ►

ADRES/BLADZIJDE

NOTITIE

> EXTRA

EXTRA ►

ADRES/BLADZIJDE

NOTITIE

EXTRA ►

ADRES/BLADZIJDE

NOTITIE

EXTRA ►

ADRES/BLADZIJDE

NOTITIE

Fotoverantwoording

Fotolia, New York (USA): blz. 91 (bildschoenes); 85 (FotoHamBorg); 4 onder (inspi); 110 (Kunde); 27 (Rangzen)
Getty Images, München: blz. 31 (Merten)
Glow Images, München: blz. 83, 120/3 (imagebroker)
Ralf Groschwitz, Hamburg: blz. 5
Huber Images, Garmisch-Partenkirchen: blz. 26 (Croppi); 25, 45 (Rellini)
iStockphoto, Calgary (Kanada): blz. 21 (Gerlach); 35 (Helbig); 33 onder (Meinzahn); 28 (Weis)
laif, Köln: blz. 80 (Arlt); 86 (Bungert); 8/9 (Bruch); 120/1 (Catarina/Allpix); 38, 89 (Ebert); 120/4 (Haeberle); 34 (Hirsch); 96 (Jäger); 46, 98 (Jonkmanns); 94 (Kerber); 90, 97, 102 (Maisant/hemis.fr); omslag, 12/13, 14/15, 16/17, 54 (Modrow); 30 boven (Maupile); 44 (Multhaupt); 42, 52, 76 (Martin/Le Figaro Magazine); 120/2 (Occhipinti); 49, 51 (Schwelle); 65, 69, 72/73, 78/79 (Siemers); 77 (Theis); 59, 61 onder (Volk)
Martin Langer, Hamburg: blz. 20
Look, München: blz. 62 (Dressler); 23 (Engel & Gielen); 30 onder (Feder); 4 boven, 70 onder, 93 (Haug); 7 (Hertrich); 36, 66, 68 (Travel Collection); 40 (Wohner)
Mauritius Images, Mittenwald: blz. 101 (Alamy/Collard/Stockimo); 120/6 (Alamy/Paganelli); 120/5 (Alamy/Unangst);120/7 (Alamy/Zoonar GmbH); 75 (Boelter); 61 boven (Travel Collection/Korte); 57 (Travel Collection/Theis); 33 boven, 120/9 (United Archives)
picture-alliance, Frankfurt a.M.: blz. 63 (Bockwoldt); 120/8 (Breuel-Bild/ABB); 64 (Hörhager); 41 (Marks); 84, 104 (Siemers)
Stefan Scholtz, Hamburg: blz. 22
Visum Foto GmbH, Hannover: blz. 48 (Hein); 70 boven (Achenbach-Pacini)
Tekeningen: blz. 2, 11, 37, 43, 55 (Konopik)

Hulp gevraagd!
De informatie in deze reisgids is aan verandering onderhevig. Het kan dus wel eens gebeuren dat je ter plaatse een andere situatie aantreft dan de auteur.
Is de tekst niet meer helemaal correct, laat ons dat dan even weten.

Ons adres is:
Uitgeverij ANWB
Redactie KBG
Postbus 93200
2509 BA Den Haag
anwbmedia@anwb.nl

Productie: Uitgeverij ANWB
Coördinatie: Els Andriesse
Tekst: Ralf Groschwitz
Vertaling: Dick van Ouwerkerk
Eindredactie: Marcel Marchand
Opmaak: Hubert Bredt
Opmaak notitiepagina's: Studio 026
Concept: DuMont Reiseverlag
Grafisch concept: Eggers+Diaper
Cartografie: DuMont Reisekartografie

Eerste druk
ISBN: 978-90-18-04141-0

Herinner je je deze nog?

9 van 1 814 597 Hamburgers

Fatih Akin

Filmkunst van topkwaliteit made in Hamburg.

Ina Müller

Zelf verkozen Hamburgse, babbelaarster en zangeres uit passie.

Karl Lagerfeld

Karl forever! Enige Duitse couturier, die internationaal grote invloed geniet.

Tim Mälzer

Vernieuwer van de burgerkost of eten als bij moeder thuis. Gewoon goed.

Hamburger

Wie heeft hem uitgevonden? Het is niet helemaal duidelijk of Amerikanen of Hanzeaten deze vleesschijf tot een succes hebben gemaakt

Udo Lindenberg

Mompelende taalvernieuwer. De zanger woont al 20 jaar in een suite van het Atlantic Hotel.

(Karl-Heinz) Kalle Schwensen

Beroemdheid in de rosse buurt met een voorkeur voor donkere brillenglazen.

Jan Fedder

Deze bekende televisieacteur is volgens de rest van de republiek de Hamburger bij uitstek.

The Beatles

Yeah, yeah, hun zegetocht rond om de wereld begon in Hamburg.